# Gum Ëlik

## 3rd Edition

All rights reserved. It is illegal to reproduce, duplicate or transmit any part of this book in either electronic means or printed format. Recording of this publication is strictly prohibited. No part of this publication may be reproduced, stored in a retrieval system, or transmitted, in any form, or by any means, electronic, mechanical, photocopying, recording or otherwise, without the prior permission of the publishers.

Copyright © 2024, Bol-Mawut Deng

ISBN: 9781763591851

This book is sold subject to the conditions that it shall not, by way of trade or otherwise, be lent, re-sold, hired out or otherwise circulated without the publisher's prior consent in any form of binding or cover other than in which it is published and without a similar condition including the condition being imposed on the subsequent purchaser.

Cover design, typesetting and layout: Africa World Books
Unit 3, 57 Frobisher St, Osborne Park, WA 6017
P.O. Box 1106 Osborne Park, WA 6916

| Kä tö Thïn | Apäm |
|---|---|
| Alɛɛc | i |
| Wël kueŋ | ii |
| Wëtnhom | v |
| Guɔ̈m ku dhiën de piɔ̈u | 1 |
| Nyïc | 43 |
| Weleeny ku Ataan | 59 |
| Diet | 72 |

# ALƐƐC

Anhiaar ba miɛtdiën de piɔ̈u nyuɔ̈th kɔc juëc cï ɣɛɛn kuɔny në thaa de gäär de ye buŋë; kɔc cï kuen, kɔc cï gär, kɔc cï ya jääm, kɔc cï wëlken mat thïn ku kɔc cï ya kuɔny në cökpiny.

Ɣen lec Jɔɔn Col Dääu, Thamuɛl Galuaak Marial, ku Thimon Yak Deŋ në kuɔɔnydïït cï kek ya kuɔny në të bïnë buk guiɛɛr thïn ku weei cïï kek ya weei ëya.

Ɣen lec kɔc ke kuandië cït mɛnde Majak D'Agɔɔt ku Aŋeth Acol De Dut ku jɔl ya kɔc köök ke kuanda cï ɣɛɛn weɛi.

Na nɔŋ kë cï rɔt ŋiëc wuɔ̈ɔ̈c ka kë kën rɔt tääu tëde, ka raan cï ya kuɔny ku kën rinke nyuɔɔth, ka ca rinke raan ë luel wët wuɔ̈ɔ̈c, ka cï thok rɔt wuɔ̈ɔ̈c nëkë gëëkë Thuɔŋjäŋic (aca them ba wët ya göör cï thoŋ de raan ëluel wët) ka na nɔŋ raan ca yiën käc ke kuɔ̈c ëdewe, ke ɣen gam awänydië ku **gum-ëlik**.

Në käŋ nhïïm kedhie, ke ɣen gëm alɛɛc Nhialic mɛn cï ya muk wëi ku gëm ɣɛɛn nyïny ban ye buŋë göör. Eeyabï Rinke Nhialic ya nhoom.

# WËL KUEŊ

Kë cɔl bï raan yï thïëëc ba wël kueŋ ke buŋde gɔ̈t acïï yic piɔl. Raan ye ye kënnë looi acie raan lɔthɛmthɛm. Ee ya raan ŋuëën thiekic nɔŋ kë lɔcäp nyïcë yeen ke ye looi ku lee gɔk në kɔc nyïn. Raan ye wël kueŋ gät kɔc gär buɔ̈k, ee ya raan nɔŋ buɔ̈k ril yiic cï keek gɔ̈ɔ̈r ka yïn naŋ tëdïït thiekic muk nyic raan ëbën. Na tiëŋ rɔt, ke ɣɛn mec wuɔ raan cït ye raanë. Kë ya yök kë yennë Abun Bartholomayo Bol-Mawut ɣa gö̈i kɔ̈u, adhil ya cieŋ cïï wuɔ cieŋ ku lon cïï wuɔ Nhialic luɔ̈ɔ̈i wuɔnë yeen në run yiic ke thiërdiäk ku tök agut cï yemɛɛn. Yen gär wël kueŋ ke buŋde në kuur de piɔ̈u në kë cien ɣa thieekic bï ɣa mat në gäär de ye buŋë yic.

**Gum-Ëlik** ee buŋ nɔŋic wël ëke luel keek në riääkic, gɔl në run de 1983 agut cï thɛɛ thiɔ̈ɔ̈k wäänkë. Abun Bartholomayo Bol-Mawut, ee raan tɔ̈ŋ de kɔc yeke yïth thiɛɛu të leeŋë kake riääk ka të jiɛɛmë kɔcdït në ka thɛɛr.

Yeen, akën ë wëlkë muk abac në ye nhom ku yenke leŋ cï mɛn de kɔc juëc ke Jiëëŋ, acï ke gɔ̈ɔ̈r në ye buŋë yic bïï raan ëbën ke ya kueen. Acï them bï wët cï lueel ku raan ëluel keek gäär rin piny bï nyuɔ̈th Jäŋ ke cie dugëër yennë luel keek ku kee kë pieth arët. Kë cï gäm rɔt bï looi ee bïke gäär piny agoke yök ëkuak në raan kuen ëbuŋë cï të ëlueel ë keek thïn.

Gum-Ëlik ii

Riääk ku cï bën në kɔc yiic, ëkee dhuëëŋ ku nhiaam ku yicthieek de raan nyaai. Kë ye döŋ në kɔc nhïïm ee bï kɔc bɛk biyic kadï në riääkic. Ku kë tɔ̈ thïn, acie ya raan ëbën yen ye piɔ̈u niööp, ee naŋ kɔc töök ye wut mukic në riɛl de piɔ̈u. Londen ee bïk kɔc duut piɔ̈ɔ̈th ago kɔc nhiäk dëër ku cïï kë lɔbäyäŋ bï looi benëke lat. Anɔŋ kɔc ye kɔc tuääk në wël mit yeke dɔl ago nïn lɔ, ku ka nɔŋ kɔc ye kɔc riit piɔ̈ɔ̈th në wël nɔŋ yiic ŋɔ̈th ëya.

Cït mɛn ëcan e kan baat niɛ wën gal ɣen jamdië, Bol-Mawut acï wël cïï kɔc ke lueel në guɔ̈mic göör, wël cï lueel në piɔn lɔpäk ku wël ke riɛt de piɔ̈u. Aake ye wël ëke yee ke piŋ në leŋic ku nhiɛɛr benke ya leŋ ke wätriëëcke. Ɣen ye raan töŋ de kɔc ye muɔɔŋ ke yeen në akölkuɔɔn ɣɔn ye wuɔ ke röthii në run de 1993 agut cï awëlë. Në yemɛɛn ke Bol-Mawut acï muɔɔŋde laar jiëëŋ të nɔŋ kɔc tɔ̈ në tuŋ ke piny kedhiɛ. Acïï miaaŋ ke ye rïnyë yetök. Ëmuɔɔŋë ee muɔɔŋ ëriëc bï biɔ̈ɔ̈th në ye rïnyë cök wadäŋ. Gäär ë Bol-Mawut abï kɔc ëkee ye piɔ̈ɔ̈th lɔnäŋ ëgäär thɔɔn piɔ̈ɔ̈th agokë ke nhïïm tak nëkä pieth bïïke göör.

Ke wuɔ ye kuan ye nyïnyda luɛɛl biyic në muɔɔŋic, apieth bukku wët ëmɛɛn agoku nyïnyda ya töɔu në buɔk yiic. Kɔc juëckuɔɔn nyic käŋ aaye jääl në wuɔ yiic kennë nyïny ee dë yïkë wën raan ëbën tëë cïï kek ye ya göör. Acïn raan ëye guɔ̈p jut bï cieŋ ku nyïny piɛɛth de Jiëëŋ gäär piny ago rïny tëërë turuɔ̈ɔ̈k kennë piïr baai wët në keek.

Thook ku cieeŋ ciï kɔckuɔ ke lɔthïn, aaye kälei. Thook yennëke luɔɔi yök cït yiï thoŋ de Deŋïlith ku thoŋë Jäläb aacï yök ke ke ye piöc yiën kɔc në dhɔ̈l wääc ke piïr. Apieth bï kɔc ya gät në thoŋda, nëŋö thok ee cath ë tök kennë ciɛɛŋ de kɔc.

Kë ciëën në käŋ cök, ee thön lëk raan bï **Gum-Ëlik** lɔ kueen, yïn lëu ba buŋ cït ye buŋë göör të tëëu yïn yïnhom piny.

Nhialic abï yï thieei ëŋui të yïn Egam.

The Very Rev'd Samuel Galuak Marial, STM, MAR, BA.
Principal,
Bishop Gwynne College (BGC),
Juba, South Sudan.

## WËTNHOM

Käjuëc ke riääk ku kärɛc ke riääk agut cï wël ke akölke riääk, ka këriëëc de riääk ëbën aaye Jiëëŋ ke guum ëlik. Na cak kërac yïïn yök ëka ye guum kë yïn lɔ lik yennëka yïn ye tiaam. Wään në thaa de tɔŋ, käjuëc aake cï kɔc yök ku nanëke kënnëke guum ëlik, ëkee dë cïkë kɔc tiaam. Guɔ̈m ëlik acennë kärɛc ke Jiëëŋ ye dac nyic në raan tö tëmec ku ka yennë Jiëëŋ kärac tiaam të cïn yicliɛɛr.

Paan de Thudän aa riääk ëleŋleŋ cït ke cïï riääk ku yennë ka cien rɔt bën yök në ye riäŋdïït yɔnë yic. Riäŋ de baai aa bö ke dak kɔc nhïïm! Yennëka cïnnë Gërëŋ Col Bul (Gërëŋ-Majumuɔ̈) ye dinë bën cak në thaa wään cïnnë tɔŋic dëër. Dit ee jam ye, cï piny riääk ëleŋleŋ cït ke cïï riääk:

Guaŋ ku thön nhïïm ku bukke wɛei, macor yennë thön riɔ̈ɔ̈c. Ayï yeei γen cɔl Amoth Ajak, Makur ku Magak, Akɔ̈i ku Maŋök; thɔn ë baai aye guaŋ nhom në diɛt, guaŋku thön nhïïm panëënkuɔ. Adun tö në thäpic ariäk baai! Thon de baai cop thon adu; adun cool nɔŋ wuɔ meeth, yen ka kën löŋ de baai cɔk piŋ rɔt. Ëleŋleŋ; riääk piny ëleŋleŋ cït ke cïï riääk, ku piny abï dik ëleŋleŋ.

Ku yɔn aŋoot ë tɔŋ ke kën rɔt guɔ gɔɔc, ke kɔc juëc aake ye jam yï "Kee paan cï wuɔ dac nök." Ëwëtë aaye lueel në γän juëc ëke töë mïth ke Jiëëŋ ke thïn. Riääk de baai aaye ket ëya në diɛt yiic. Anɔŋ din ë yennë maduänyduäny *(dithko)* dieer yɔn Boor në remthi ke tɔŋ kën guɔ röm. Aaye ket ya, "Paanda Madiŋ ee wuɔ yɔŋ, paanda Madiŋ ee pol në wuɔ." Ku ka cïn raan lëu bï ye guiir ëmɛnë, lanë yennë ye ket ke cï deetic ka ëye ket ke kënnë deetic. Ye dinë aacït ke cï Nhialic tääu në kɔc thook bïkë ya ket ëke kuc kë ëliɛɛc en. Acït mɛn yɔn cïnnë Nhialic dit kɔn tääu në Leek-Manyiëël thok. Leek-Manyiëël aacak ëdinë yɔn yennë ye lueel ya cï tɔŋ thök në Anya-nya 1. Go lëk kɔc në ditic lan kënnë tɔŋ thök. Dit ee jam ye **wët ater aye miɛɛn në kɔc yiic:**

Luɛɛl de piny anɔŋic kë cït tɔɔr, aye nhiaar ë rum ë tiɔp ku ka rac në dhaŋ thok! Cak yamɛn cïï adhuëŋkuɔ nyääk ëkee lueth eei, ëkee lueth tiɔp aweer wun. Cakë Deŋ Nhial ca lɔ, ku Ajääŋ-Abanythok, ku Jogaak ë Deŋ, ku Bul-Magaany. Wët ater aye miɛɛn në kɔc yiic ku ka cie lueel abac. Ka ye wuɔ̈ɔ̈ŋ lueel ye piny acï loi, ku baai aŋoot, ŋö ŋoot ë jiec agörtui në wëer lɔŋtui ku kaa kën dhuk panhom yɔn dhiëëth ëke! Nɔŋ raan ye yiën paanden ku bï yɔɔt roor cï thiäŋ, tiɔp aya yamthok; tiɔp alɔ nyuanyany tiɔp aliac në dan koor.

Wët de Leek-Manyiëël acï rɔt bën dhiɛɛl cï mɛnde, ke dëk ëkɔc nhïïm! yɔn gɔɔcë tɔŋ rɔt Boor, go kɔc juëc kɔn ya gääi! Ee ye kɔn lueel ya ye tɔŋ de jiec në rɔt. Na ber mïth ke thukuul ku kɔc tö rɔɔk yɔɔt wei, ke berë kɔc baai ya lueel yïï kee tɔŋ de kɔc rɔɔk, ku ye juurkök lueel ya kee tɔŋ de Jiëëŋ, "Tɔŋ de Jiëëŋ kennë Arap" ku lueel Areep kök ku Junuub kök yïï kee tɔŋ de Gum-Ëlik vi yïï Junub kennë Arap. Na yɔn lɔ tɔŋ dït, go raan ëbën rɔt yök thïn në kueer cïï nyic. Tɔŋ acï baai bën tëëk thok ëbën; aka cïn raan lëu bï ye jai ye kën tëëk në manyden thok, ka raan bï ye tëmrɔt yeyee kuande yetök yennë cï thɔ̈ɔ̈r ku cïï tɔŋ riɔ̈ɔ̈k. Acï raan ëbën bën mat thïn në kuɛɛr juëc wääc. Kɔc lëu bïk thär de baai yïën tääu në kenhïïm, aaye kɔc yɔn cï kɔ̈ɔ̈c ëcök në thɛɛk wään ke guɔ̈mdït, kek mɛn yɔn gum riääk ëlik agut bï baai kɔ̈ɔ̈c ëke kën käke yiclıɛɛr looi.

**Gum-Ëlik** ee buŋ jam në wël ëke cï keek ya lueel në aköl wään ke riääk. Wël kɔ̈k aa jiëëm kɔc ku kɔ̈k aa jam në wël ke kɔ̈c de piɔ̈u, ku jam kɔ̈k në wël ke riɛɛr de piɔ̈u, ku kɔ̈k aaye yiic weleeny ku ataan, ku kɔ̈k aaye diɛt ëke ye kɔc dɔk në kärɛc juëc kɔ̈k yiic. Të lee yïn ke kueen ke yïn bï nyïc ku weleny de Jiëëŋ yök thin. Jiëëŋ ee käjuëc lueel ëke thiɛɛn ke kɔ̈ɔ̈th!

**Gum-Ëlik** acennë wël ŋuɛk në ŋuan:
1. Wël jam në Guɔ̈m ku Dhiën de piɔ̈u,
2. Wël jam në Nyïc,
3. Wël jam në Weleeny ku Ataan
4. Ku jɔl ya diɛt jam në Wël dɔk kɔc.

## GUÖM KU DHIËN DE PIÖU

### KÄ CÏKE GUUM YƆN YƆƆTË WEI

Yɔn yɔɔtë wei, lenë kɔc thöör në larap, käjuëc aake cïke guum në cäthic nɔŋ yïï: cɔk, tuaany, reu, dhäär, käŋ ëyennë kɔc kök kɔc kaaŋ kueric, kuny de piny ku jɔl ya käjuëc kök ëke cï kɔc yök. Cäth aacï yic piɔl, aaye kë rilic arët akɔc juëc aacï bën nyɔɔlwei ëke kën tëde piööc cuɔ̈ɔ̈p. Keekäkë kedhiɛ, aacï keek bën guum ëlik në riɛl de piɔu ku gäm ëcien ëye gam bï baai thöör.

### KÄ CÏKE GUUM TË DE PIÖÖC (NË *MEDÄNIC*)

Yɔn yennë lɔ në medänic, aaye kɔc kuc lan bïnnë raan lɔ dhuk ke pïïr! Nëŋö, na cuɔ̈pë në medän thok ke yïn ye jɔɔk në dui bïnnë yï nyuɔ̈th kä ba keek lɔ yök në piööcic. Ëkënnë acïnnë raan tök wët bën lueel. Yɔn cup kek në Boŋga të de piööc gokë dupiööc yök ëke cï röth thiaan kueric.

Të wën tul keke, go ke jɔɔk në dui. Na wën cïkë dupiööc dëëny, go raan tök rɔt wël raan thiääk ke yen ku thiëëc ye, "kënku mëër në kɔc ke ater yiic ëmɛnë?" Go raan thiëëk kek dhuk ye, "kaa ye kɔckuɔ." Guɔ̈m aaye dït arët të de piööc bïnnë yï juiir ba guɔ̈m nyic ago rok lɔ lëu të lenë yï luɔny piny. Kärɛc ke medän aake yeke guum ëlik nëkëë cïnnë thär de baai wiik. Yennëka cïnnë raan töŋ de kɔc piööcë keek ye wëtë bën lueel ye cïn *yimäl* wär *yimäl* cen bën në SPLA yic.

### Acïn Yïmäl Wär Yïmäl Can Bën Në SPLA yic

Ëwëtë aalueel raan töŋ de kɔc ëke piööcë keek në *medänic*.

Na ɣɔn në kööltök ke raan töŋ de kɔc piööcë keek thiëc dupiööc bï päl lɔ piɔm thiääk ke tëde piööc, ke nɔŋ këdeen lee tïŋ. Go puɔ̈l bï lɔ. Go lɔ ku lee gääu, ku piny aanɔŋ riɔ̈ɔ̈c. Go kɔc diɛɛr cït ke nɔŋ këë cï yeen lɔ yök. Yɔn len dhuk ciëën, go gɔ̈k arët, yöökë ya na nɔŋ kë ëcï yï jal lɔ yök wën ëke yïmäl (kuɔ̈c luɔi)! Go dhuök keek ye "ka cïn *yïmäl* wär *yïmäl* can bën në SPLA yic!"

## KÄ CÏKE GUUM NË THEƐK KE TƆŊ

Na cï yïn piɔ̈ɔ̈c ku lɔɔr tɔŋ, ke yïn ber käjuëc kɔ̈k lɔ guum ëya, cïmɛn de cänh bäär köu, cɔk, tuaany, reu, yaaŋ de bäny muk jiec, rëëc de tɔŋ, kä cït ɣäntöök, thon de kɔc määth ke yï, mɛcdu wenë paandu ka paanduɔ̈n, thook ke kä cï röth lɔ̈k looi baai ke yïn liu, ku jɔl ya kɔ̈k yïn ya.

Kɔc ëke cï döŋ baai ëya aacï kɔc ke ater mɛn ɣɔn ye baai reetic ke bï lɔ̈k ya nɔ̈k. Go pïïrden cuɔ̈k ber tɔ̈ apiɛth cï mɛn thɛɛr. Yennëka cien bën naŋ kë ye cɔl "**Run de Capoth**" paan Boor.

### Run De Capoth

Ee run ënɔŋë baai yic cɔŋdït arët, ku kä juëc kɔ̈k ŋet kɔc. Go kɔc thou arët në cɔk, ku bɛc, ku loi kɔc kärɛc kɔ̈k. Go kɔc cïï lëu bïkë cuëër, ya cuëër, ku ye kɔc kɔ̈k kɔc peec. Kɔc kɔ̈k aake

ye kɔc nɔ̈k të cïnnë raan käke pëën. Kɔc kɔ̈k ëya, aacï kɔc ruääi kennë keek bën ya nyɔ̈ŋ abïk nyïn jääl. Ku na γɔn lɔ thaa de loi bën, go raan ëbën cï pïïr cuɔ̈ɔ̈p ke kën thou, ku kën cuëër, ku kën raandë nyɔ̈ŋ ka ke kën nyaap abï luui në kärɛc kɔ̈k lɔbuyuŋ, jal ya jam ke gäi ye, "Capoth Nhialic! Capoth ke γɛn kën thou! Capoth ke γɛn kën cuëër! Capoth ke γɛn kën raandë nyɔ̈ŋ! Capoth ke γɛn kën këde yiclıɛɛr looi në ye riäŋdïït wäänë yic!
Ku na γɔn acï kɔc röth gäm baai, yennëka cïnnë kä cït keekäkë bën ya guum ëlik. Ëguɔ̈më yennëka cennë raan cɔl Awuk Abuok ye wëtë bën lueel ye, "cïï Nɛɛp-Reeth ye gam yen Jɔɔn Gërëŋ aka cï bï gam në yë runë!"

## Cïï Nɛɛp-Reeth Bï Gam Yen Jɔɔn Gërëŋ!

Γɔn cïnnë (SPLA) yɔɔt wei ku cïï Japer Mamed Nïmeerï nyic ke tɔŋ bï dït, go Nïmerï käjuëc gam bï ke looi ago tɔŋ kɔ̈ɔ̈c. Tɔ̈ŋ de keekäkë, ee bï Jɔɔn Gërëŋ tääu ke ye Nɛɛp Reeth (raan kuany bäny de baai cök). Go Gërëŋ jai ku ler tueŋ ke tɔŋ.
Na γɔn në kööl tök, në biäk de Bärgadhal, ke tɔŋdït thäär në kaam de jieny de Miirï kennë jieny de SPLA. Go jieny de Miirï SPLA tiaam, cop, ku wën copë keekë, go macɔ̈n (*dababa*) tɔ̈ŋ de jieny de miirï kɔc keerou ke SPLA kakwei ku jɔlke cuɔ̈p anuɛɛk. Na wën cïkë macɔ̈t dëëny, ëke jal lɔ̈ŋ ëke cï piɔ̈ɔ̈th lɔrïrwei. Go raan tɔ̈ŋ de keek cɔl Awuk Abuok wët cien piɔu lɔpäk lueel, jiɛɛm ye, "Cïï Nɛɛp-Reeth ye gam yen Jɔɔn Gërëŋ aka cïï bï gam në yë runë?" Go raan wën ciɛth kek dhuk në wët

de riɛl de piɔ̈u ye, "aaye wuɔɔk, wuɔ rou wuɔ kaa cop keek ku ka cie SPLA ëbën; SPLA acop kɔc në yän kök."
Ye guɔ̈më yennëka cienë Alueel-Nɔŋdït (Aluɛɛl Gërëŋ) ye dinë bën cak ben kɔc riitpiɔ̈ɔ̈th.

## Tɔŋ Abï Thiɛth, ku Col, Ku Tul Pïïr Lɔyääi

1. Muk yïpiɔu rïny lɔ wɛɛrwɛɛr roor. Jieny cï ye yic dïïl wɛɛië root acïn tɔŋ ye kɔɔc ke cïnic kä geiëke.
Yandɛ! Cɔku röth rir wuɔ berë ke cak, pinyda awel rɔt.
Jieny de Dïktoor athär yic nyic Nhialic, na pïïr raan ku rumë pinyde ke bï ŋuëën ŋö!
Cɔkku thäär abï naŋ adɔ̈ɔ̈ŋ lik dɔ̈ŋ; köth ke baai, Junub paanda. Acïï bï com nëkë peei aaye wuɔ nyïn wuɔ jäŋ mɛn thäär; du ye diɛɛr në thou.
Tariir tɔŋ de Thudän, Junub abïï mɛɛnh kënnë dhiɛɛth nyic aköldɛ, yic näk wuɔ yen kïn! Awai pinyda; tiɔm cït awai.

**Wuɔ cie abaköök cam paan lei, wuɔk kaa ye adöc ke baai. Tiɔm cï rimkuɔ dhiɔ̈m abï tɔ̈ɔ̈kda boot. Tiɔp abï cuɔi nɔŋ tiɔm kuc wun! Baai acït**
nyin wuɔ, thärku baai në ŋeeny lacäp; baai, baai paanda alɔ ciëën në dul. Yukku Nhialic cɔɔl bï mët piny; Nhialiny ë cak raan ku yïn tëde tek akɛɛth ke piny, buk lääu në röth. Ëmɛɛn agut cï athɛɛr, athɛɛr wadë.

2. Yeeŋa, yeeŋa ye rör cöötë Nhialic piŋ? Cï Nhialic wuɔ

maan? Acie yeen, acie ye. Ee buk röth wel të rɛɛc tö wuɔ thïn jieny man luɛɛk athäär cï agoor. SPLA/
SPLM, jatë köŋ ciɛɛmdu nhial ku dɔm baai në riɛl;

adööc yɔn yïnnë Nhialic wuɔɔk, macäär de piny, ku com wuɔ thïn buk luɔk cï ye. Na cuk tiɔp wuööc ke luel Nhialic buk dhäär. Bɛrë wuɔ lieec piny yïn cie këlei, yïn cuku bï koon aŋuɛɛn lɔ mɛɛc. Ŋär wuɔɔk Nhialic buk paanda tiaam, tɔŋ abï thieth, ku col, ku tul pïïr lɔ ɣääi, tiɔm cï kaai në thou. Ku yennë ëka noŋic run de jäny ruëëny

### Jäny Ruëëny

Wët cɔl jäny ruëëny ee bö yɔn cïnë piny riääk, Në run de 1992, piny anoŋ cɔŋdït arët paan Boor yɔn cïnë Riëk Macäär baai riɔ̈ɔ̈k aweŋ ku mïïth kök ke pïïr aake cï liu, go kɔc mam në mamdït arët. Na yɔn në run de 1994, ke babuur ke akuma jɔt röth në Kartuum ke ke bï mïïth Madiŋ Boor tënɔŋ jienyde, go bëny töŋ de SPLA cɔl Jɔk Rëŋ Magöt piŋ ke babuur ke akuma bö, goke täc në kaam de yï Dhiamdhiam ke Jɔŋëlei. Jɔkdït acï babuur bën tiit ke tö në pïu yiic ke jienyde në nïn yiic kee diäk, Ana ye thök de nïn keediäk ke babuur bö ku räm tɔŋ, go jieny de SPLA jieny de akuma weer ku dɔm babuur cï thïäŋ në mïëth cïn yethok. Go kɔc ril ku ruëny mïïth gɔl në dhëth ku thian kë ke në kë ëkë cïï pïïr yicriɛl aka yïkkë tak ke mïïth bï kɔc dak, ëtëën kɔc baai ëbën aacï bën piŋ ku yee ŋek them bï mïthke lɔ kör mïëth. Na yɔn cïï akuma tïŋ ke mïïth ajuëc, go raan yöök bï ŋëk dhëth cï kë bë lëu në jöt. Go kɔc ril ku ruëny wäär cï thian nacïrnhom nhïïm määr në kä ke cïï ke tɔ́ɔ́u në thiaanic në kë cïï mïïth raan ëbën wuɔ̈ɔ̈r nyin. Go kɔc niɔp ruɔ̈n ya cɔl ërun de "Jäny Ruëëny" luɛɛl de, mïïth ke babuur aake cï kɔc wuɔ̈ɔ̈r nyïn abï kɔc cï cuëër ka mïïth thiaan cɔk lɔ nhiany në aguɔ̈tic.

# KÄ CÏKE GUUM YƆN KƐTË NË YÏTHIOPIA

Yɔn gɔɔcë SPLA tɔŋ de nomlääu de Junub Thudän në runde timtök ku bɔt keedhoŋuan ku thiërbët ku diäk (1983), Yïthiopia yennëka ye paan tueeŋ ëcï kɔc gam bïk rëër të cïn adiɛɛr. *Raatha* de SPLA atɔ̈ thïn, ku rem de tɔŋ de SPLA aye piɔ̈ɔ̈c thïn ëtëën. Ku yen ye cɔ̈ɔ̈k de abaköök ke Thudän nɔŋ yiic kɔc niɔp (diäär ku mïth ku kɔcdït cïdhiɔp), aake rëër në Yïthiopia ëya në *keem* wääc yiic. Nëŋö, anɔŋ määth pieth në kaam de yï bänyde Yïthiopa cɔl Mɛŋgïthtu Haile Mariam, kennë Jɔɔn Gërëŋ De Mabiöör, mɛn ë ŋär SPLA. Na yɔn ke kɔc roor ke Yïthiopia yeke cɔl *Wuyani* juak tɔŋ nyin, gokë baai dɔm ku wiëëk Miirï de Yïthiopia mɛn ëmuk Mɛŋgïthtu. Go Mɛŋgïthtu kat ku dɔ̈ŋ SPLA ke cë nom riɛɛr në kë bï looi. Go bänydït ke SPLA tak bë kɔc jäl kedhiɛ në Yïthiopia. Nëŋö, *Wuyani* acïï SPLA kɔɔr bë rëër në Yïthiopia cïmɛn wään tɔ̈ en në thaa de Mɛŋgïthtu. Ëkënnë acï kɔc bën cɔk kat në Yïthiopia, ku ye katë acïnnë käjuëc bën guum thïn!

### Jäl në Yitaŋ

Jäl në Yitaŋ ayïnla; acï piŋ yɔnthëëi ke *Wuyani* ci paan cɔl Demdolo dɔm ku ŋoot ke lɔ tueŋ bë Gambela lɔ dɔm ëya, ku Gambela yennë ka thiääk kennë Yitaŋ. Ëtëën ëya, ëka cï piŋ ke Majak Agɔɔt cë määr! Majak acï lɔ kör në mëi Demdolo go dɔm de baai guɔ lɔ mook ëtëën ke cath ke alathkëër diääk. Ëkënë yennë ka cïnnë kɔc bën jäl yɔn miäkduur ëke welke nïïm

Guɔ̈m ku dhiën de piɔ̈u  7

Thudän. Jäl në Yitaŋ akën rɔt guiir apieth cï jäl de Pinyudo; ŋɛk aye kat në katde! Yɔn jiëlë kɔc, ke piny acï thiäŋ në pïu arët ku tiɔ̈k adït, go cäth kɔc nuaan arëtic dïïtë. Kɔc ëke cï nuan arët në cäthic aaye:

- **Kɔc ëke cath në mïth kor:** mïthkor arët aake yeke ɣääc ku mïth durŋuëën aake ye cäth ke nuaan në ɣän nɔŋ tiɔ̈k ku pïu. Mïth wääc nɔŋ yiic kä ëke dhiëth keek ku mïth cï ŋuëën ëmääth agut kä nɔŋ run ke rou ka diäk aa ke alëu cin. Diäär kɔ̈k ëya aa cë bën ya dhiëth në katic ëtëën, kɔ̈k ke kee mïthkë aacë ke bän ya cäk ya "Nyanriŋ" ka "Mariŋ." Aye mamdït arët!

- **Kɔc ëke cath në kɔc cï dhiɔp:** Dɔɔc ku röördït cïdït arët aake cïï cäth ye lëu në dökic. Aake ye ɣɔ̈ɔ̈m guɔ thöl, go kɔ̈k ɣääc ku thai kɔ̈k ku kueer abääric arët. Jönde raandït arilic ku raan ëbën anɔŋ kë muk, cït yïï akuɛk ke pïir, ku kä ke tɔ̈c ku alëthke ciɛŋ ku jɔl ya mïïth ëya. Kɔcdït aake yeke wëër në ɣëëc.

- **Kɔc ëke cath në kɔc cïke tɛmcök ku ŋöt, cath në wei ke kɔm (kärëëc).** Kɔc ɣɔn cï ke tɛm cök ku ŋöt aake cath në *kärëëc*, ku keek aacï bën mam arët ëya nëŋö *kärëëc* aake ye lɔ cot piny të ciɛth kek në keek në tiɔ̈kic ku piny amec arëtic. *Kärëëc* aake ye lɔ cotpiny ku na them raan në keek bë tök miit, ke dëtë alɔcotpiny ëya. Go kɔc nɔŋ kɔcken käŋ ya cuat wei ku γëëckë kɔckeen cïke teem cök ka ŋöt. Ku piny acïn riäth ku ka cïn dhöldë peei. Kɔc aacï piɔ̈th bën lɔrïrwei, arë bï raan kuc lan adë ke piny bï bɛɛr piath në ye nïn γɔnkë.

- **Kɔc ëke cath në kɔc tuaany:** Riäŋde Yïthiopia ee tul ke kɔc kën röth guiir. Kɔc tuaany në tuaany kuɔ̈tic agut kɔc ëke cë ke tääc pan-akïm aacë ke bën them bë ke kony në kɔc ruääi kennë keek ku mëëthken. Kɔc juëc cïï cäth lëu aacë ke bën ya jɔt në kët ku thai kɔ̈k go ya kë rilic arëtic. Miööt ee töŋrac arët tënɔŋ mɛnhraan ku läi yeke mac ëya. Kuat de lën ye mac nɔŋ yïï γɔ̈k, ku thök ku ajïïth aacï bën ya döŋ piny ku lɔ kɔ̈k döŋ roor në kuɛɛr yiic.

- **Kɔc ëke kuath γɔ̈k ku thök:** Kuëth de γɔ̈k në tiɔ̈kic ku pïu yiic acie kë piɔlic. Kɔc juëc aake cï weŋ kueet ku thök ku jɔl ya ajïth. Baai acë mäk arët nëŋö yen, Yïtaŋ acë cieŋ në run juëc. Na γɔn miɔ̈öt kɔc, go kɔc ëke mac läi röth them bïk läiken kuaath. Yɔ̈k juëc ku thök aacë bën ya rïïrwei ku thou kɔ̈k dhölic, aaka ye läi diääk kek ka cë bën cop në γän cieŋ keek.

Yɔn jiël wuɔ paanda, ke wɔ ëke cï nïïm määr në mïïth ku kä ke thät. Na loku γet pan cɔl Marial γɔn thëëi, go rëëc de cïen mïëth jal γök. Goku tak γɔn thëëi bë kɔc rir në wuɔ yiic dhuk Yitaŋ, bëkë lɔ kör në mïïth. Wuɔ cï bën rial γɔn miäkduur paanda wuɔ bët (8) dhukku Yitaŋ, ku yöökku kɔc niɔp ke paanda bëke lɔ̈k tïït ëtëën në Marial

Yɔn dhuk wuɔ röth ëka cukku kiir ke wuɔ bë lɔ lööm në mïïth në *mukudheen* ke UN yiic. *Mukudheen* ke UN aake nɔŋ yiic *bithkëwit* cɔl BP 5, ku BP 5 yennëka ye piath arët ke cäth. Na lokku cop në *mukudheen* thook goku Anyuaak yök ke cï *mukudheen* göölpiny ake kɔc moc thïn! Ayökku ke cï kɔc nɔ̈k në wɔ nïïm tueeŋ. Goku welic, loku lööm në mïïth ëke cukku ke waan në bëikuɔ yiic wään jiël wuɔ. Wuɔ cï mïïth ëke cuk ke yök bën lɔ lööm ku welku röth. Wën dhuk wuɔ röth, wɔ cï kɔc bën yök kueric ëke cï Anyuaak ke nɔ̈k, ku kake muk *karatoon* ke *bithkëwiit*. Goku ye *bithkëwiitkeenkë* lööm ku cuɛtku mïïth kɔ̈k ëke mukku keek wei.

Na yɔn loku dhuk Marial yɔnthëëi, goku jur yök ke cï jäl ëbën, aye kɔckuɔ keepëi kek cï döŋ. Wälën Nathan Riäk Anyuɔɔn acï paande cɔk döŋ ëya, jiɛɛm ye cïï paanda wan yetök. Ëtëën, wälën Riäk acï thɔ̈k töŋde thökke bën nɔ̈k bïnë cool. Na yɔn thëëi ke kɔc jal guɔ cam në mïïth wën cukku keek bëi, ku tekkë *bithkëwiit* në kɔc cin bë ŋek käke ya muk. Na yɔn miäkduur në runic ke wɔ rial buk kɔc dëër.

Yɔn cup wuɔk në wëërnom, të ye cɔl Pinymoor, të yennë tem thïn goku kɔc yök ëke rir kenïïm. Aanɔŋ kɔc ëke ye jam yïï "kɔc aalɔ Nathir," ku lueel kɔckɔ̈k yïï "kɔc aalɔ Pinyudo." Taban Deŋ Gäi, mɛn yennë ëmuk Yitaŋ acukku bën jal yök ëtëën. Taban anɔŋ piɔu bë kɔc lɔ Nathir. Aye Taban them bë kɔc cɔk lɔ Nathir në riɛr ku kënnë akënnë kɔc juëc bën gam. Na yɔn riir kɔc kë nïïm, go Cdr Lual Diiŋ Wuɔ̈l kɔc yɔ̈ɔ̈k bë kɔc tïït ëtëën, ku lueel ye bë kɔn lɔ Bilpäm bë lɔ jam kennë Jɔɔn Gërëŋ ku Thälba Kiir në *jääth* agokë kɔc lëk tëbë gut. Na lɔ Lualdït dhuk ɣɔnthëëi ke buɔ̈ ku lueel thoŋ bïnnë lɔ Pinyudo. Ku lëk wuɔ ëya lan cïnnë Majak Agɔɔt tuɔ̈l aka cath ëtök ke Thälba ëke wel ke nïïm Pinyudo. Yɔn dɔmë Demdolo ke yïi Majak rëër thïn, aacïkë bën them bïkkë jäl. Gokë lööny në ayämkär (*yambuc*) de *Wuyani* ɣic, go kɔc juëc nɔ̈k në ke yiic abïkë lɔ dön keedhiëc abac. Gokë jal kat rokic abïkë lɔ tuɔ̈l Gambela. Ëtënnë yennë ka cï kek Cdr Thälba bën lɔ yök. Yɔn lueelë Lualdït ye thoŋë, wuɔ cï piɔ̈ɔ̈th bën miet arët, ku lɔcku kueer lɔ Pinyudo. Kɔc diääk aacï bën dhiac ëkë lɔ dhël de Nathir. Wälën Riääk acï bën lɔ dhël lɔ Nathir ago lɔ ɣet Maar.

**Jäl Pinymoor lɔ Pinyudo:** Wuɔ cï bën rial ɣɔn miäkduur në köölë ke wuɔ lɔ Pinyudo. Tiɔ̈k adït ku pïu aake juëc piiny ëya. Wuɔ cï nïn bën looi roor, ku jalku cop të ye cɔl Pakɛɛda të thiääk kennë Pinyudo. Ëtënnë yennë ka cïnnë wuɔ bën loor në raan cɔl Gäi Riäk Makɔ̈l, men ëlɔ në Jurkuc Bäräc cök ëke mac Pinyudo. Gäi acï ɣeen bën luath Pinyudo në riände ba lɔ kör në riäth bë kɔc ke paanda bën jɔt, bëke lɛɛr Pinyudo.

**Jäl Pakɛɛda lɔ Pinyudo:** Kaam de yï Pakɛɛda kennë Pinyudo acïï yic ber mɛc arët, ake dhäär yennë ka cïnnë dhäär, ku jiɛl ya cɔk nëkë ëcïï mïïth thök në kɔc cin ëya. Ëtëën, kɔc niɔp ku kɔc ril kɔ̈k acï bën jɔt në riäth, ku cath kɔ̈k në kecök. Yennëke mɛt cï wuɔ röth bën mat Pinyudo ëkan bukku jal lɔ jäl nëtök wuɔnë kɔc ke Pinyudo ke wuɔ lɔ Pocala.

## Jäl Në Pinyudo

Jäl në Pinyudo ayïnlä; Jieny roor (*Wuyani*) de Yïthiopia acï baai dɔm, ku ka cïi *SPLA ber* kɔɔr bë rëër në Yïthiopia. Na yɔn cï kɔc guëër Pinyudo në yän wääc ëke ketë ke thïn (mëtkë röth kɔc yɔn rëër Pinyudo) ke kɔc aake cï nïïm köɔ̈c në ke bë looi. Bänydït ke *SPLA* ëke tö ëtëën: Thälba Kiir Mayäärdït, Oyai Deŋ Ajak, Giɛr Cuäŋ Aluöɔ̈ŋ, Majak D'Agɔɔt Atɛm, Jurkuc Bäräc Jurkuc (mɛn ëye bäny ëmuk Pinyudo), ku jɔl ya bäny kɔ̈k ëke tö, aake ye tak në kë bë looi. Aayekë them bïkë lɔ jam kennë bäny ke Yïthiopia yɔn tö ëtëën. Yɔn cïnnë jamic riel arët go kɔc ke nïïm rueet. Yɔn cïnnë kɔc pɔ̈k ke cïn wëtic, go bänykuɔ bën ber nyuc bïkë wël thöɔ̈ŋ köɔ̈th. Në jamic ëtëën, ëka yekë lueel yï nɔŋ wët ëcï kɔc ke Yïthiopia lueel në jamdenic. Kɔc ke Yïthiopia aake cï jam yï "rëërkë acïn kë näk week." Ye wëtë acï bën caaric, gonë akököl de Awan kë Köör tak yɔn cien jam ye "acïn kë cam week!" Ëwëtë acïnnë kɔc ke nïïm bën tak bë kɔc jäl në Yïthiopia. Acï bën tak bë kɔc lɔ Pocala, nëŋö Pocala aye paan töŋ de bëi ke Thudän ëke cï *SPLA* ke dɔm, ku ka tö në akeunyin (*wudut* nyin). Jäl në Pinyudo lɔ Pocala ayennë tëëk paan ye cɔl Gilo. Gilo acï wëër tekic aka nɔŋ biäk de Yïthiopia ku biäk de Thudan.

Bäny Thälba Kiir acï raan ëbën bën cɔɔl ku guïïr kɔc akököl de yï awan kënë köör jiɛɛm ye kɔc ke Yïthiopia aaye jam yï "acïn kë näk week, rëërkë." Ye wëtë acukku bën caaric, goku akökölde awan kennë köör tak! Akököl de yï Awan kennë Köör ayïnla. *Awan ee tuënyë deŋ kennë mïthke. Go awan tak bë mɛnh töŋde tuɔɔc paande köör bë köör lɔ thiëëc lan ben ke kony bïk lɔ guŋ paande nëtök kennë yeen. Ku wën tooc awan meth, ëka cï thɔn nom bë wët tueeŋ de köör piŋ apiɛth. Na yɔn lɔ mɛnh de awan tënɔŋ köör, ku lëk thoŋ ye wun lueel, go köör dhuk ye "ka cïn kë cam week lɔ bäkë." Wën lennë mɛnh de awan dhuk tënɔŋ wun ku lëkkë ye köör luel, go awan lueel ye ku ëlɔ "cäm yök tëno!" ku yöök mïthke ye "wuɔ cïï ber lɔ; aŋuän bë deŋ wuɔ nɔ̈k ke wuɔ rëër ëtënnë." Yen amatdïït* yɔn cï bäny Kiir looië, yennë ka cï bën ya göc de jäl.

Të bïnë ciɛɛth thïn acï bën guiir yalë; ya bë Jiec-el-Amer kueŋ, ku bɔ diäär ke cök. Ku na cïkë jal ɣet Pocala kedhia, ke SPLA abë jal lök jäl, nëŋö SPLA yennë ka tit *Wuyanï* nyin. Ee cï SPLA them bë kɔc gël ago kɔc niɔp cath ëke lääu. Bäny Thälba Kiir yennë ka ŋär jiec, ku lɔ Majak në ye cök ke ye duŋörde tɔŋ. Oyai ku Giɛɛr aacï keek bën cɔk lɔ Pocala bïkë lɔ dhuk në biäk de Ekuatoria të ɣɔn thëërke thïn (aake cï bën Pinyudo tëde thiëŋde Oyai kennë Apajɔ̈ɔ̈k Yaak).

## Jäl de Jiec-el-Amer.

Yɔn jiëlë Jiec-el-Amer Pinyudo të cït pɛɛi de dhiëc në run de tim tök ku buɔt ke dhoguan ku thiërdhoŋuan ku tök (1991) cäthden apieth, acïn kärɛc juëc ëke cï röth looi në cäthdenic. Në kë ye kek mïth, bäny ke lathkëër aake cï rem de jiec kuany bïk keek gël ku guiirkë cäthden apieth. Kɔcdït ku diäär aake cï döŋ ciëën bïk lök jiël peei. Jiec-el-amer aake jiël Pinyudo tëkë në Gilo-Mathaar, lekë tëëk Gilo II, ku temkë wëër lekë Gilo I. Kɔk ke kek aake γëëc mïïthken ku tëëuë mïïth kɔk në riäth yiic. Jiec-el-Amer acath abëër cï guiër ciennë ke guiir në guruupken ke thiëër ku rou ku guruupke Märkäth. Pïïrden apieth ku bäny kë lathkëër, gɔl në bäny Kiir ku bäny kɔk aake tiëët nyïïn arët në mïïth. Akɔɔrkë bï mïïth kan cop Pocala ku bï raan ëbën jal jääl. Aacï bën jal jäl në Gilo I lekë Pocala ku jol baai lök dhöth cök ëbën acïn raan töŋ döŋ. Kɔc diëëŋke jiec-el-Amer cï töökdït gum aaye kɔc γɔn cï bën ya dhuk Pocala bïïkë Gilo bïk bën kör në mïïth në yuïïk ëcï cɔŋdït yuïïk Pocala.

## Jäl de Diäär në Pinyudo

Diäär ke bäny aake jɔt keek në riäth (thurumbiil) γɔn jiël kek Pinyudo. Cänhden acïï yic köc ëya, nëŋö dëŋ aake tueny ku piny anɔŋ tiök go riäth ya lɔ ëke döt kueric. Ku na ye kööl cïnnë deŋ tuɛny ke cäth ajɔl rac arëtic. Go nïn juëc looi rokic në kaamthiin de yï Pinyudo kennë Gilo!

Na yɔn aber kë cop në Gilo II gokë wëër yök ke cï thiäŋ, go ciën të tëm ë riäth (na cï pïu lɔ piny në Gilo ke riäth aaye wëër teem, ku na cï thiäŋ ëka cïn riän tëk). Gokë nïn kɔ̈k bεr looi në wëërnom në Gilo II ke wëër tit bë piu ke yiic tek. Diäär ku mïth kɔ̈k ëke nhiar bë keek tëëm në riän wïïr acï keek bën ya tεεm lɔŋtï kennë käkεεn ëke mukë keek. Ku kë ë jal yic riεl arët, diäär aake muk kä juëc, akɔ̈k aacï riän wïïr ke lëu në tëëm. Aake cï këriëëc ëbën nolthok yɔn jöt kek në bëi ken yiic Pinyudo. Aayekë tak cït ke ye jön kɔ̈cic.

Na yɔn cï diäär cop në Gilo I ke dëŋ bεr tuεny go riäth cuɔ̈k bεr tëëk apiεth go kɔc bεr rëër arët në Gilo I ëke tït be piny riεl. Na yɔn ye dëŋ kä cïi kääc, ku *Wuyani* alɔ ke bɔ̈, go diäär yɔ̈ɔ̈k bëkë jäl në kecök. Diäär aacï cäth bën dhiεεl në ke cök ëke lɔ Pocala. Ëtënnë acïnnë apεc juëc bën dɔ̈ŋ Gilo I nëkë cïn en kɔc lëu keek në ɣëëc. Go ŋεk kä thiekiic ya lööm ku wεεn kë cïn kë dïït bë lɔ kony tuεŋ.

Yɔn jiëlë kɔc Pinyudo, ëka ŋoot ke kënnë diäär juëc tääu në ke nïïm mεn ketë kɔc. Aake cath në riäth, ku kä juëcken në riäthiic. Raan ëbën acath cïtke rial (lɔ paanthiɔ̈kë) ku bë lɔ dhuk. Dietke Abäc aake lɔ ëke piŋkeek në riäthiic, ku në mathijiiliic! Ee yɔn jɔlë jäl në Gilo ke kɔc lɔ Pocala yennë ka jɔl en tïc në ke gup mεn cïnnë kɔc kat!

Yɔn jɔlë diäär jäl në Gilo I ëke lɔ Pocala yennë ka can rɔt bën dhuɔ̈k ciëën ba lɔ cath wuɔnnë yï Majak. Na yɔn acuɔ̈p Koor

Deŋ-Panän, go Majak γa yɔ̈ɔ̈k ba tïït ëtëën në kë cï kek guɔ lööny piny ëke bɔ̈ Koor Deŋ-Panän. Yennë ke të cï wuɔ bën jal thɔ̈ɔ̈r thïn kennë *Wuyani*.

### Jäl De Jienyde SPLA Ŋëër Bäny Thälba Kiir Ku Bäny Majak D'Agɔɔt

Yɔn cïn në Jiec-el-Amer ku diäär γet Pochala, go jienyde SPLA jal lööny piny ke lɔ ke thäär kennë në jieny de *Wuyani*.

**Jäl në Pinyudo lɔ Märkäth**: Jäl de SPLA Pinyudo acïi lɔ lou; SPLA acï Pinyudo com arët në *maany*. Na γɔn acï *maany* thök go SPLA *garneet* bɛr dɛɛp ëya. Ku jalkë jäl ëtëën lekkë märkäth, ku märkäth athiɔ̈k ke Pinyudo. Na γɔn lökë *Wuyani* them bë lɔ wutic Pinyudo, gokë lɔjuät kennë *many* wään cï SPLA com. Go lɔden panom yic riɛl, ku cïn të yökkek *tayindïït* de UN γɔn cï waan ke kuɔ̈t nom Pinyudo. Gokë piɔ̈ɔ̈th riääk arët ku kuanykë SPLA cök në tɔŋ, gɔl në Pinyudo agut cï Gilo.

**Jäl në Märkäth bën apuɔ̈k-dhɔ̈l**: Yɔn cïnnë *Wuyani* SPLA cuɔp cök dhöl, go tɔŋ röm në Märkäth. Go SPLA *Wuyani* cop, ku γoc kë röth në Märkäth bïkkë bën nyuc të thiääk ke Märkäth në kueer de Gilo yic. Na cïkkë naŋ nïn ëtëën ëke ber röth cuɔ̈t të ye cɔl Marɔ̈l (apuɔ̈k-dhɔ̈l), ber kek nïn kɔ̈k thöl thïn. Jienyde SPLA aye *Wuyani* tiitnyin ago tëëk ke lääu kennë kä kɛɛn ke riɛl, cit yï: dhëŋ ku mëc ku riäth ku mïïth, ku jɔl ya kɔ̈k yïn-ya. Na yɔn në kööltök ke *Wuyani* kuël kɔc arë bë anëm ke SPLA lɔ nɔ̈k në kɔc kɔ̈ɔ̈th ciëën, në kaam de Koor Deŋ-Pänän kennë apuɔ̈k-dhɔ̈l. Ëkënnë, acï Majak jiec bën yɔ̈ɔ̈k ye, "Rëërda në apuɔ̈k-dhɔ̈l ëtënnë acïï pieth ke wuɔ. Na copkë wuɔɔk ëtënnë, ëkaa dhëŋ wuɔ wei dhölic, ku cïn të kɛt wuɔk thïn. Yen apieth buk lɔ Koor Deŋ-Pänän."

**Jäl në Apuɔ̈k-dhɔ̈l lɔ Koor Deŋ-Pänän:** SPLA acï bën jäl yɔn miäkduur ke lɔ Koor Deŋ-Pänän, ku wɛɛn *pathila* tök bëke lɔ̈k tiit kɔ̈ɔ̈th. Go *Wuyani* guɔ lɔ̈k këëcthïn ku cop ye *pathila* töŋ wën cï döŋë, ku ler tueŋ ke bɔ̈ Koor Deŋ-Pänän. Wën cïnnë jiec yëët Koor Deŋ-Pänän ku jɔl Majak ye looi *tämäm*, ke macɔ̈ɔ̈t (*dababat*) jɔlke guɔ piŋ ëke cï yëët. Wën cïnnë ye nyic ke ye *Wuyani*, go jiec guɔ tɛkpiny ëlantöŋtëi ku jal tɔŋ guɔ rɔ̈m ëtëën. Tɔŋ acï bën liääp arët arë bë dhaŋ mocic në Majak cin. Ku Jieny de SPLA acïnnë mëc ke *kalany* (AK47) ke thök. Gokë ke kɔ̈ɔ̈th miɛɛt ciën, ku yennë lööny pinyden keke lɔ Gilo-Mathaar të yɔn tɔ̈ bäny Thälba thïn.

**Jäl në Koor Deŋ-Pänän lɔ Gilo-Mathaar:** Jäl në Koor Deŋ-Pänän lɔ Gilo-Mathaar arac arët. Piny ee nɔŋ tiɔ̈ŋdit ku riethrieth, go yëëcde dhëŋdït yic riɛl ku jiec acï dhäär në tɔŋ ku cɔk thïn. Go kɔc nin dhölic në kaam thiin de Koor Deŋ-pänän kennë Gilo-Mathaar. Ku töŋ cï kɔc bën kony, *Wuyani* ee cï nɔ̈k arët në tɔŋ de Koor Deŋ-Pänän; abë nyan ëye bänyden nɔ̈k. Ëkënnë acïke bën yïën yiic riɔ̈ɔ̈c, gokë wuɔ kuëny cök Gilo-Mathaar ëke kuɛɛny ke cök. Yɔn cï wuɔ jal cuc në cäthic në kööl de rou, goku dhëŋdït thiaan ku jɔlku lööny dhöl. Na yɔn ye cupku në Gilo-Mathaar ke wuɔ yök bäny Thälba Kiir ke cï lɔ Gilo II.

**Jäl në Gilo-Mathaar lɔ Gilo II:** Kaam de yï Gilo-Mathaar kennë Gilo II athiɔ̈kic arët, ku ka cï thɛɛ juëc bën lɛɛr nëŋö tiɔ̈k ee dït, ku kɔc aake cï dhäär. Na lokku cop në Gilo II, goku bäny Kiir yök ke cï wëër teem aka cï lɔ në wëër baŋtui, mɛn ye Gilo I. Yɔn cupë bäny Kiir në wëërnom në Gilo II ku yök raan gëëk tɔ̈ wërnom, go yic wuɔ̈p ku jiɛɛm ye "kɔckuɔ, yeeŋö tietkë ëtënnë ku raan ater acï yëët?" Aɲic ke *Wuyani* cïthiɔ̈k, ku käke tëm de wëër aake dak! Go kɔc yɔ̈ɔ̈k bëkë dac jäl, ku jɔl tem yen bäny Kiir. Yɔn yök wuɔ bäny Kiir ke cï tem. goku Majak yɔ̈ɔ̈k bë wëër teem ëya bë lɔ tënɔŋ Kiir në wëër baŋtuï.

**Jäl në Gilo II lɔ Gilo I:** Wuɔ ëke yök wëër de Gilo ke cï thiäŋ në piu awuɔ yök kuëër ke wat arët. Ku yökku riäntöŋ de riäth keerou ëke yennë ke tem ke cï dïïr aka cï döŋ a riäntök abac. Guɔ lääth lööm ba riäi geer. Na wu cupku në wëër baŋtuï, ke wuɔ ŋoot wathok, ke *Wuyani* jal guɔ cop në Gilo II, ku jɔɔk muc, go kɔc juëc pɛɛth wïir në riɔ̈ɔ̈c cï kek riɔ̈ɔ̈c. Kɔc juëc ke kek aake kuc kuaŋ ake riɔ̈ɔ̈c yennë ka jiëp ke wïir. Ëtënnë acïnnë kɔc juëc bën mou. Yɛɛn ku kɔc juëc yɔn daai në wëër lɔŋtuï, wuɔ ëke ye raan gäk tïŋ ke yɔɔt wïir ku le lïŋ piny abë döŋ akɔc diääk! Agut cï kɔc kɔ̈k ëke nyic kuaŋ aacï bën mou ëya. Kä ëke cɔk kɔc muɔu aake juëc: kɔc kɔ̈k aake yɔɔt wïïr ëke cieŋ alëth ku war ku bɛɛk në ke köösth, ku kɔc kɔ̈k aake yeke yöt kööth në kɔc kuc kuaŋ, ku kɔc kɔ̈k aake kuc kuaŋ, ku kɔc kɔ̈k aake ye kuëër ke jɔt. Yïn ëye kɔc tïŋ nïïm ëke cï wëër thiööŋic ku mëërkë!

Kä rilkɔ̈k ke gäi ëke cï röth looi në ye thaa yɔnnë:

- **Tïŋ cï meth waan wïïr:** Anɔŋ tïŋ ɛmuk mɛnhthiin ëpiac dhiëëth, ku ka dhiac në Gilo II. Go kɔɔr bï mɛnhde tëëm bï lɛɛr Gilo I, ku riëth wïïr aake cï dak. Go them bï mɛnhde kuaŋ në ciintök. Na wën acï yëët të thiääk ke agör-thok ke dhäär go duɔ̈ɔ̈r mou kennë meth. Na wën acï kök dak, go meth waan wïïr ku kueŋ ke lɔ biyiic abï rɔt lɔ yök në agör-thok. Ku ler ku wel rɔt ku dhiɛɛu arët ke dhiëu mɛnhde. Ku kɔc kɔ̈k aake kääc ëtëën në agörnhom. Ku na ye kɔc yï cuɛtkë ke nyïn kiir ke ke tïŋ meth ke thɔɔr në pïu nhïïm. Go raan töŋde kɔc ëke kääc ëtëën rɔt cuat wïïr ku kueŋ abï meth lɔ gääubei ku yïn man. Go raan ëbën ye cin pam ku leec Nhialic në këriir cïtë kënnë. Kɔc juëc aacï bën mou në ye köölë ku ye mɛnhë acïï pïu bën rɛɛc.
- **Kɔc ëke ye kɔc yöt kööth:** Ëtë yɔn yennë yɔɔtë wïïrë, kɔc juëc aacï kɔc bën ya yöt kööth. Kɔc juëc ke lathkëër ku raan ëbën kuc kuaŋ, acï ŋek ke ŋek bën ya yötkɔ̈u cɔl ye bï ye kuaaŋ, nëŋö wëi aake path ëke kɔɔr kuny. Go raanë raanë ya duut abïkkë mou kedhie. Ëkënnë acï kɔc juëc bën cɔk muɔu

agut cï kɔc lëu kuaŋ. Acï raan töŋë ëcï yɔ̈tkɔ̈u akiir bën looi; pël rɔt piny ku lɔ ke lɔ piny në püu thäär ku dɔm wëëi yic. Go raan wën cï ye yɔ̈tkɔ̈u lɔ piny kennë yen arä bïk γet në püu thäär. Na wën ke raan wën cï ye yɔ̈t yeth yök rɔt ke kɔɔr bï thöök go raan puɔ̈l ku thom rɔt nhial lan nɔŋ të ben püu cuɔ̈ɔ̈p nhïim ago wëëi. Go raan wën cï yɔ̈t yeth lök dïŋ piiny abë lɔ tuɔ̈l të mec ku leer ke kuaŋ abë wëër teem.

- **Raan ëcï duɔ̈r mou tëcääl:** Anɔŋ muɔny Nuba ëcï yɔɔt wïïr ke cie kuaŋ, ku ke ye tëcääl, të ye pëk në kɔc thäär, go cɔɔl ye ye të mou kɔc, go ye cök guɔ dhuk tëcääl ku jɔl rɔt mou yetök. Në kaam ciekic, ke raan bö në ye köu ciëën ku yöök ye, "Raan yïn cɔk rɔt muɔu tëcääl, jɔt yïköu ku kääcë." Na wën ye jɔt ye köu ku këcpiny go püu yök ëke pëk në ye thar! Go piɔ̈u jal gut ëdhupdhup ku dhuk rɔt biyiic agörnom. Go lɔ ku mët rɔt dundïit yɔn kuany kiirnom.

- **Tiŋ ci wëër teem në rony:** tiŋtöŋ ye cɔl Ajö Ajak-Abiɛl akuc kuaŋ ku kacï wëër bën teem ke ruɔny abe rɔt lɔ yök në wëër baŋtuï. Yɔn në muny tueeŋ de *Wuyani*, go raan gëëk ëkääc në agör-thok në wëër lɔŋtui rɔt luɔny wïïr agut cë kɔc juëc kuc kuaŋ. Go kɔc juëc kuc ëke ciinden mou në wëër ciɛlic abï döŋ aye kɔc diääk abac. Go tiŋtök rony ku guɛɛt piiny ke diëŋ në püu thäär abï yenhom lɔ thiëët agörde wëër. Na wën acï rɔt ŋëm ke cï wëër teem ke pïïr, go rɔt ya thiëëc yetök, ye "Në γen bö yadï!" Go raan töŋ de lathkëër yöök ye "Yeeŋö yïn bɛɛr thiëc ku yïn cë bën? Jɔt rɔt ku jälë."

## Jäl Në Gilo Lɔ Pocala

Jäl në Gilo lɔ Pocala ee rac arët, nëŋö piny anɔŋ riethrieth ku tiɔ̈k ku pïu, ku dëŋ aake lɔ ëke tueny ëya. Ku kɔc aake kat ëke wääc yiic: Kɔc kɔ̈k aake kat në Gilo I, ku kat kɔ̈k në Gilo II ëke kuany wëërnom, ku kɔc kɔ̈k aake cï thiëiwei.

### Kɔc Yɔn Jiël Në Gilo I

Kɔc ɣɔn lööny piny në Gilo I aake cath në bäny Thälba Kiir ku bäny Majak Agɔɔt ëke kuany dhöl ye lɔ Pocala yic. Ëkɔckë aake nɔŋiic Jiec-el-Amer. Anɔŋ kɔc kɔ̈k ke Jiec-el-Amer ëke cï lɔ jäl Pocala bïk bën kör në mïïth, nëŋö cɔk adït Pocala nëkë cïn yen mïïth ëke cï UN ke guɔ bëi. Mïïth dïëëŋ ɣɔn muk keek në jäl Pinyudo aacï bën guɔ lɔ thök. Yen ëŋuëŋ ɣɔn cath kenë bäny Kiir yennë ka cï bën kan cop Pocala. Ëtëën, ɣen cï bën döŋ ciëën ku lɔ Majak kennë bäny Kiir. Yɔn cï kän jal lɔ̈k rac, go many de dhaŋ cɔl KGK wëër ya teem abë kɔc bën ya moc në wëër lɔŋë. Ëtëën, yen ka can bën jal kat. Guɔ kan lɔ në akema dïït ëcï cï kɔc ke Katholiŋ de Roma looi ke ye ɣɔn de tɔ̈ɔu de käŋ (*mukëdhen*). Guɔ *mithkëwit* yök ke gäk, guɔ tak ba kɔ̈ɔk ëke muɔ̈k keek waan, ku jat *bithkëwiit*. Yɛn cï *miläyaai* keerou bën miɔɔc yiic ku jat kënnë në ɣanom ku kënnë në ɣaköu, mat keek në dhaŋdië ku alëth kɔ̈ɔkkië. Ë *bithkëwiit* ɣɔn muɔ̈k keek kë, aacï kɔc ɣɔn cake dööt dhölic bën kony.

Kä riliic ëke cï röth looi kueric:

- **Tiŋ cï dhuɔɔŋ ke cath ke mïthke.** Cäth arilic arët, nëŋö kɔc aake cath në piu yiic ku jɔl ya tiɔ̈k. Ku piny anɔŋ riethrieth ku deŋ alɔ ke tueny ëya ku cam dhiëër kɔc. Ku kee nɔŋ alɔjieth në rölde dhaŋ ye lɔ ke bö ciëën në kɔc köɔth. Ëtënnë acïnnë tik bën wuïïk abï dhuɔɔŋ, abï yuɔɔm de ɣäm thok lɔgëërgëër biyiic. Ku ye tiŋë ee cath ke mïth kedhiëc (aa ɣëëc mɛnhtök në yeyeth, ku tök në yeköu, ku cath kɔ̈k). Go mïth ke yiic yat, dhiaukë në dhiëndït abï raan ëbën yic ŋɛɛr në kërɛɛcdïït cït ëkënë. Ku bäny Kiir athiɔ̈k ëtëën kennë remde lathkëër. Go *talimat* gäm jiec bïkë ye tiŋë ɣääc kennë mïthke. Tik acï kuɔɔny bën yök kennë mïthke në lantöŋtëi. Yennë ka yen piath bë raandït ku ye bäny ya tö në kɔc yiic.

- **Tiŋ ëcï meth cuatwei.** Tiŋtök acïï meth nuaan në muk go them be meth cuat wei. Go gäräl meth lɔ jöi, le dhuɔ̈k në cääric. Ku meth ee nɔŋ kë cït run kediäk. Go meth rɔt puur ku cop man cök ke dhiaau! Go alathkëër ëke cath ëtëën piɔ̈th riääk ku durkë tik nɔ̈k. Go tik meth löɔ̈m ku ɣëëc agut bë cop Pocala ke tiit jiec nyin. Kë cït ëkän acïï rɔt ye dac looi në pïïric bï tik mɛnhde cuat wei. Aye nyuɔɔth ke këdë arilic arëtic dïïtë. Tik ee cë piɔ̈u määr në nhiëërde mëdhiëth kennë mɛnhde.

- **Raan ë cïnnë cök teem kedhia.** Ëraanë amol, ku piny anɔŋ tiɔ̈k, ku pïu. Go cäthde yic riɛl arët. Kɔc kedhiɛ aacï bën ya tëëk ku wan ëtëën ke mol. Na wu thöönë kaam mec de Pocala kennë Gilo ke yïn wupic në lɔ bï ye raanë lɔ të cieŋ. Të cï bën gut acïn raan nyic e, ku ka cïn raan cï ye bën bɛɛr kääk piny në yök yɔn cï kɔc bën Pocala.

- **Kɔc ëke cath në wei ke kɔm (*kärëëc*).** Kɔc yɔn cï ke tɛm cök akaa cath në *kärëëc*. Keek aacï bën mam arët, nëŋö *kärëëc* aake ye lɔ cotpiny të cieth kek në tiɔ̈kic ku piny amec arëtic. Dhɔ̈l yennëke kɔc niɔp kuɔny aake cï liu taitai. Ee cïn riäi ku kaa cïn dhöldë peei. Kɔc aake cï piɔ̈ɔ̈th lɔrïrwei, arä bï raan ya kuc lan adë ke piny bï bɛɛr run në ye wëër yɔnnë. Na yɔn acï piny ruu, nëkë cït thaa thiëër-ku-tök, go bäny Kiir lueel ye kɔc aabï tɔ̈c ëtën, ku ka ye piäu yic, ku deŋ aŋoot ke tueny ku dhiëër ee cam kɔc ëya. Raan ëbën acï rɔt bën ya tiëŋ tëthiin thöny ku ye kɔ̈k *macamaai* thieth në piu nhïïm ku tɔ̈c kɔc. Ee cï ciën ŋɔth ber tɔ në kɔc yiic në kut cï kärac kut në ye thaa yɔnnë. Na ye piny ye run go raan ëbën rɔt ya yök ke cï pïïr ku jɔl kɔc jäl në tök kedhiɛ. Na yɔn në akɔ̈l tiaakic, ke lueel bäny Kiir kennë Majak yïï bë kɔc nyuc ëtëën, ku na nɔŋ miëth ke bï thaal ku bë cam në raan ëbën. Go ŋɛk ya lɔ rïïŋ kennë kë thiin muk ku thal në lathkëër. Na wën acï tuak go raan ëbën kɔ̈ɔ̈c në coor ku ye ŋɛk thialde tääu thok ku gëm, go raan ëbën guɔ riɛl ku jɔl cäth rɔt guɔ juak. Pocala acï jal bën guɔ lɔ nyɔny ëtë thiɔ̈ɔ̈kë.

Guɔ̈m ku dhiën de piɔ̈u 23

- A/Cdr Martin Mawien Dut (Agaŋrial) acath në *wheel-chair* (ajila de kɔc cïn cök), nëŋö cööktök acï but. Ëtënnë acïnnë Majak jiɛc bën yöɔk bïkë ɣääc. Yenëke dhöl cïnnë Mawiendït Pocala bën dëër.

### Kɔc yɔn Jiël në Gilo II Ëke Kuany Wëërnom

Yɔn cupë *Wuyani* në wëërnom (Gilo II), kɔc juëc kɔ̈k aakën bën gam bïkë yɔɔt wïir. Aacï bën kat ëke kuany wëërnom. Kɔc dïëëŋ ke kek aacï *Wuyani* ke bën ya dëër në mëc, ku poth kɔc juëc. Yɔn cï kek cop të cïn riɔ̈ɔ̈c, gokë jal löŋ ku takkë dhöl bï kek kiir teem. Aacï wiën (*abil*) bën kɔɔr bï kek wëër teem. Ye kiir biäknë ee cï rɔt ruɔɔk nëkë tɔ̈ en në kɛm ke kur. Go wiënbäär duɔ̈ɔ̈t në timköu, ku kuaŋ raan cɔl Leek Aleer-Mayuɔ̈ɔ̈k ke thoŋ dënë ku lee duɔ̈ɔ̈t në timköu në agör lɔŋtui. Ye wiënë, yennëka cï ke bën kony në tëm de wëër. Yɔn cï kek wëër teem, aacï dhöl bën jal lɔ käŋköu të cɔl Koor-Maluäl, ku ciɛthkë agut en cï Pocala. Cäthden acï yic bën bëër, nëŋö aake lɔ tem tëmec. Aacï bën cop Pocala ëke cï cɔk ke tiaam arët nëkë cï kek nïn juëc looi rokic ëke kën cäär yök köu ku cïn kë miëth. Kɔc yɔn cï döŋ në wëër lɔŋtui aake kucë ke pïirden.

Raan töŋden cɔl, Thamuɛl Galuak Marial ee cïnnë alëthke luath Pocala në wëtmäthke. Nëŋö Galuak ee kɔɔr bë tem në *macäma* kennë keek, ke dhaŋde acï *macäma* bën duɔ̈r ya dïir. Go Galuak wëtmäthke yöɔ̈k bïk tem ku döŋpiny. Gokë tem ku luɛthkë bɛŋde. Ëtënnë acïnnë *Wuyani* bën guɔ bën go Galuak jal guɔ kat kennë kɔc γɔn kuany wëërnom. Na γɔn cïk tïït në nïn keeŋuan. Gokë thɔ́ɔ́ŋ yï cï Galuak thou. Ëtëën, aacï bën nyuc piiny ku tëkkë röth alëthke. Na γɔn lɔ Galuak tuɔ̈l ke pïïr, gokë piɔ́ɔ́th miet nëkë cï Galuak bën. Na γɔn në köölë, ëke jɔl Galuak lɛ̈k lan cï kek alëthke tëk röth në kuny ë kuc kek yen lan pïïr en. Gokë lueel yïï bïkkë alëth bɛɛr määtiic ku gëmë ke yen. Go Galuak ke yɔ́ɔ́k ye "jalkë keek guɔ lööm."

## Kɔc Yɔn Cï Thiëiwei

Kɔc γɔn cï thiëiwei aacï kueer bën lɔ kɔɔr thok në γän wääc. Aake cïï cath nëtök. Aake kuc röth, aŋek acath në cänhde, ku na nɔŋ kɔc diëëŋ ëke cath nëtök, ëka ye kɔc ëke cï tɔŋke yiën mook tëtök. Raan töŋden cɔl Dɔŋ Kunjok (Omer Abdelgader Dɔŋ) yennëka ban jam në akökölde. Dɔŋdït ee rëm wuɔ piny në kaam de Gilo-Mathaar kennë Gilo II ke wel yenom Gilo-Mathaar. Ku wuɔ ëke lɔ Gilo II. Ku ka cïn jieny ëcï bɛr döŋ ciëën ke cï rɔt guiir! Acï Majak bën yɔ́ɔ́k ye, "Apieth! Yeeŋö cï we we nïïm bɛr ya wɛl të bïïë *Wuyani* thïn?". Go dhuk ye, "Pïïr arac Pocala, Majak! Cɔk γɛn cɔk lɔ Gilo-Mathaar ëtë thiɔ̈kë lan ban guɔ̈p lɔ miet ago naŋ kë ban mïth dööt." Ëkaamthiinë acïnnë *Wuyani* bën guɔ lɔciel. Goku thɔ́ɔ́ŋ në wuɔpiɔ́ɔ́th ke Dɔŋdït cïï lëu bë bɛr pïïr ëtëën. Na γɔn cupku Pocala, go wuɔ ya nuaan buk thiɔ́ɔ́l wudï të thiëëcë wuɔɔk në mïthke. Na luelku wu Dɔŋdït apïïr, ke ëtë γɔn wuɛɛn wuɔ ye thïn acie të lëu ben pïïr. Ku na luelku wu ka cïï pïïr ëka kënku tiëŋpiny. Goku ya dhuk wu ka kuc wuɔ të cien kɛtthïn.

Yɔn lennë Doŋdït cop Pocala ke cï nïn juëc thöl roor, wuɔ cï bën gäi arët. Yɔn thiëëc wuɔ yeen, go lueel ye, "*Wuyani* ee mok ɣɛɛn në Gilo-Mathaar. Guɔ wëër guɔ teem ëtëën." Doŋdït acï kɔc bën cɔk nëk dɔl ɣɔn leeŋ yen tëm ëteem en wëër jiɛɛm ye, "Wuɔ ye kɔc ke toc, wuɔ ye kälɛn ye kuaŋ në wuɔnïïm ku wuɔthäär."

Aluel Doŋdït ye ɣɔn yɔɔt en wïïr ëka muk *jelder* de *thukar* go ye duɔ̈r cɔk muɔu. Go *jelder* waan wïïr ku kuɛŋ, teem wëër. Na wën ciɛth ke kɔr cär lɔ Pocala kɔ̈u, go kïnhde anyol yök ke cï raan cuatwei. Go këde jɔt ku ɣëëc. Na ɣɔn ye le ɣëët në cäärkɔ̈u ke yök *kïïth* nɔŋic *berber (*acathenh de Abäc) ke cï raan cuatwei. Go ruanykɔ̈u go cɔl yeye abïk (*degik*). Go anyolkeen wën mukke cuatwei ku lööm berber, ku le ɣɔudhöl. Ana ye ber ye ciɛth ëmääth, ke yök raan dhölic, raan ëcï rïïrwei ëya. Ku ye raanë ee muk alääla, ku ka cïn miëth ëmuk. Go Doŋdït lueel ye, "Yɛn muk abïk, apiɛth buk that." Go raan gam nëkë cï kek kuk kedhia. Na yï liepkë kïïththok, go ya pol de *berber* yen lɔpuk nëke wuum. Gokë piɔ̈ɔ̈th duɔ̈r lääny nëkë cï kek kɛtɔ̈ në kïïthic bën yök ke cie abïk! Doŋdït acï ye berber deennë bën dhiac ke muk, leer Pocala, aka cï tiŋde bën ya lɔ ɣaacwei, ku ye wëu welkɔ̈ɔ̈th benke ya ɣööc në kɔ̈k nuan keek.

## Jäl Në Dima

Kɔc yɔn kat në Dima aake cï jälden guiir apieth. Bäny ëke muk keek aake ye yï Dr. Atëm Nathän Riääk ku Petero Pärnyaŋ Daniel ku jɔl ya bäny kɔ̈k ëke biɔth keek. Dr Atëm yennë ka muk Dima ëbën ku luɔɔide adït arët në biäk de diäär ku mïththii agut Jiec-el-Amer. Ku Pärnyaŋ amuk *Märkänh* de piööc de rem de tɔŋ de SPLA ku lathkëër ëke tɔ̈ në Dima ëtëën. Nëŋö, *Märkäth* ku yän ke jiec aake cï keek week thook peei, aka ke mec ëmääth kennë yän cieŋ diäär, ku mïth keek. Yɔn cïke ye piŋ ke *Wuyani* cï thiɔ̈k, go kë tak bëkë lɔ paan cɔl Paköök. Paköök ee pan töŋde bëi ke Thudan ë cieŋ SPLA, ku ka thiääk ke Dima. Jälden acï guiir yalë:

- Diäär ku mith kek kake kɔn jäl tueeŋ
- Ku lɔ Jiec-el-Amer tëkic: nɔŋ *Dïkdïk*, ku *Marekrek*. (*lueel de dïdïk ka marekrek ee kë koor*)

Ku jɔl Jiec *athuɔɔt* mɛn yɔn ŋëër Peter Pärnyaŋ ke thïk cök.

## Jäl De Diäär Ku Mïth, Ku Jiec-El-Amer

Diäär ku mïth aake cïke kɔn cɔk jiël tueeŋ, ku kuɛny Jiec-el-Amer kecök. Ku cäthden acïnic *Wuyani* ë cop ke cök ake rëëc de cäth bääric ku cien mïïth yennë ka cïkë bën guum arët kueric. Nëŋö cäth ëbën bääric ku nɔŋic riɔ̈ɔc acïnnë guɔ̈m ye kan liu thïn! Raan ëbën cï tëdeen ëcieŋ waan në riɔ̈ɔc acïi piɔ̈u ye lɔ yum. Nëŋö acie këriëëc ëbën ëtɔ̈ kene

Guɔ̈m ku dhiën de piɔ̈u

yïïn yen ye jäl ke yïïn në thaa de kat ku kä ca ke cak luɛth
aacie cop të leer yïn thïn kedhie.

Kaam de Dima kennë Paköök atɔ̈ ë wëër ye cɔl Raat. Yɔn
cïnnë ɣëët wërnom, go jieny ɣɔn tɔ̈ Paköök (Komando) kɔc
ya nyuɔ̈th ɣään cääl lëu bëke teem në kɔc cök. Kɔcdit aacï
bën ya tem nëke cök, ku ye mïth ku jiec-el Amer, ɣɔn ŋoot
ke ke kor, tëëm në riän cɔl *Ural ku riëth köök ril.*

### Jäl De Jieny De SPLA Ŋëër Peter Pärnyaŋ.

Yɔn cïnnë ye jal ŋic ke mïth ku diäär cï ɣet Paköök, go
Pärnyaŋ lööny piny ke jiec kuɛny ke cök. Cäthden acïnic tɔŋ
ëya; aka ye kärɛc ke kat kek ka ke cïkë keek guum në cäthic
ëtëën.

Kat ɣɔn kɛtë kɔc në Yïthiopia arilic arët. Käjuëc aake cï keek
guum në katic ëtëën, ku ka cï keek bën ya guum ëlik.

### KÄ CÏ KƆC BAAI KE GUUM NË JIEC CIN

Kɔc baai aake cï gum në SPLA cin arët. Nëŋö, aake ye mïïth
juaar bïke yïën jiec. Ku kaa nɔŋ jiɛc kɔ̈k ëke ye ke peec në rap,
ku thök, ku ɣɔ̈k, ku kɔ̈k yeke cam, ku kaa ke ye ke dɔm ëya në
bëi yiic bïkë käke jiec ya ɣääc.
Ëkënnë acennë kɔc baai rap bën ya wɛcpiny në ɣänkɔ̈k bïï ke
thiaan në jiec. Ye akiirë acïï jiec bën nyic ëya, go kë ɣööt ya
guem yiic në bith.
Bäny kɔ̈k ke jiec aake ye röth tääu në nyïn ke bäny baai yiic ëke

ye duluuk, ku yekë kuɛɛt kɔ̈k yɔŋ.

Bäny kɔ̈k ke jiec ëya aake cï kuɛth në kä cie käken ku yïkë diäär ke kɔc kɔ̈k rum.

Ke käkë kedhiɛ aacï keek bën ya guum ëlik ku lɔ kɔc tueŋ në luɛɛl de baai ago tɔŋ cuɔ̈k riääk. Yennëka cïnnë ye wël bɔ̈ ciëënnë lueel:

**Ye Rap Ka Arap Yen Cï Gërëŋ Tuɔ̈c Week!**
Në thɛɛ wäär ke tɔŋ, ke jiec aaye pïïr në kɔc baai cin. Aake yennëke mïïth juaar bïkë yïën keek. Ku ka nɔŋ jiɛc kɔ̈k ëke ye rɔ̈th luɔny piny bïk kɔc ya rum. Ana ye ɣɔn në kööltök ëke jɔl lɔ paan de tiŋdïït tök piny de Bär el Gadhal, lekkë ku durkë kɔc nɔ̈k baai! Luelkë yïï bïke miɔɔc në rap. Go tik ke yɔ̈ɔ̈k ye, "mïthcië dhuɔ̈kë ënɔŋ Gerɛŋ De Mabiöör, ku lɔ dɛtkë yic apieth; tɛkdë cäk kuɔc piŋ! "Ye Rap ka Arap, yen cïï Gerɛŋ tuɔ̈c week?"

**Matiɔp ku Aŋeth**
Wäär cïnnë baai riääk, cɔk acï ɣɔnde raan ëbën bën tɔɔŋ thok. Kɔc aake cïï cɔk ke muɔ̈ɔ̈r piɔ̈ɔ̈th abïk nhïïm määr lan bïï piny bɛr loi. Yɔn në kööl tök ke man ë nyaan cɔl Aŋeth tak yenhom në kë bïk cam ke nyaande, go adhiäät cäp, ku wën thɛɛl en adhiäätë, go jiec guɔ tuɔ̈l roor ëke ŋëër raan cɔl Matiɔp keek. Ku yee Matiɔp yen tëmic, yöök man Aŋeth bï töny dac jat piny nëkëë cïï jiɛc gääu në cänhdenic. Go man Aŋeth dhuk ye, "kee miëth de ye nyaanthiin cɔl Aŋeth ë mɛɛnhdië." Go Matiɔp dhuk

ye, "Na cɔk ya mïëth de Nyanliɛɛt ëka jɔtë piny, yakë kɔc nuaan në nyïïr cïï we bï cuɔ̈ɔ̈t bïke guɔ ŋuɛɛt piny ka jɔt Bëër keek abac."

Go man Aŋeth töny jat piny cɔl ye bïkë yiën rɔm ëdewe, Go Matiɔp aränhde yɔ̈ɔ̈k bï kuɔ̈c deer ku cɔk töny jatë në yenhom ke tuc, go man Aŋeth ye, "mɛɛnhdië na cïn kë wënkë wuɔɔk, ke we wankë töny bïï wuɔk röth lɔ̈k ya that." Go Matiɔp dhuk ye na col ëjam ke wee ba tiɔɔk. Go man Aŋeth biet ku jiël Matiɔp kennë jiɛcke.

Na wäär alɔ piny loi, alɔ̈ɔ̈r alup baai, ku Aŋeth acï jal dhuɛɛc, aka ye nyooth të nyoothë nyïïr piɛth lɔ̈ɔ̈r. Yɔn në kööl tök ke Matiɔp bɔ̈ bï bën daai në lɔ̈ɔ̈r, go Aŋeth lɔc në nyïïr yiic. Na wën apuɔ̈k lɔ̈ɔ̈r, go Aŋeth ruac abïnnë ye lɔ döm kööl. Aacï röth bën piŋ abï Matiɔp piɔ̈u naŋ bï Aŋeth këny ku kee kën deet mɛn yen nyaan yɔn jɔt een töny piny ëkënnë.

Matiɔp acï lɔ luɛɛkde bën thiäl Aŋeth, go Aŋeth ye wëtë jäl guiër man, go man yɔ̈ɔ̈k ye,"ka piɛth mɛɛnhdië ku kɔn ya cɔk jam wuɔ ye ke kën kɔn lɔ jam ke röördït," go Aŋeth gam. Acïï Aŋeth bën jäl lëk Matiɔp mɛn kɔɔrë man yeen, go monyde gam. Matiɔp acï bën jal lɔ dhuk në kööldë peei, bïï ku jɔl ruu në gɔ̈k kennë Aŋeth, ana ye bënë piny ke run, ke miit ariël piny ku cïï dɔc thëu.

Na wën ke man Aŋeth acï bën jam ke Matiɔp, yɔ̈ɔ̈k ye,

"mɛɛnhdhië ee këpiɛth cäkë röth lɔc wenë nyaandië, na ye kööl lee yïn bën ba bën jam wenë röördït, ke yïn duɔ̈nnë nhom mär në tönydiën yɔn cäkë jɔt. Acï wuɔ lɔ̈k ŋöɔ̈ŋ nyïn, ku nyic ëya, ë nyaanë, yennëkee Aŋenh yɔn jɔt yïn adhiäät piny ku lueel yïn käjuëc ke määr de piɔ̈u," go wët cïith në Matiɔp piɔ̈u. Ku yee daidïïtë yen lïïr ëköt ke rëër, kɛt reet arïldïït wënë yic ke dhiac ke tueny. Yennëka cï bën ya riäak de thiëëk agut cï awälë.

## "Ku Bakë Cuɔ̈k Moc yic, Cie Arap yen ca cäp"

Ëwëtë ee lueel tik ke tɛɛr ke jiɛc. Yeen ee cï tönyde cäp, na wën ye tɔɔr tönyic ku ye jɔt yeyeth, ke yee jiɛc kee tïŋke ëke bɔ̈ keke mol. Go tik kiɛɛu yɔɔth, ciit/kiit wuɔ̈ɔ̈i ye, "Wuwuui! Amayoou! Kɔc kuɔ, wuɔ cï naŋ kɔc!" Go jiɛc röth puur piiny ëlantöŋtëi ku luelkë yïï, "Mama duk dhiaau, wuɔ ye kɔcroor." Go tik dhuk ye, "Ke wee cï roor waanicë kɔcroor ku wee cï bën baai, dhuɔ̈kë röth." Go jiɛc lueel yïï, "Na cïï töny jɔt piny bukku luath ëka bukku mocic ëmɛnë në dhaŋ." Go tik dhuk ye, "Ku bäkë jal cuɔ̈k mocic wuɔ̈ɔ̈dï! Cie arap yen ca cäp, wee kïn ye ŋeeny në Areep (rɛp) cï tuak ku katkë në areep thith." Go jiɛc röth jöɔ̈ny bïk jäl, luelkë yïï, "Na colku në jam në ye tiŋë, ëka bï wuɔ lëk wët peei."

## KÄ CÏ JIEC KE GUUM NË BÄNYKEN CIN

Bäny kök në bäny ke jiec yiic aake ye jiec yɔŋ. Na mac week në bëny kuc käŋ ka bëny rac, ëkee we yɔŋ ke we cïï jam, ku na jam

Guɔ̈m ku dhiën de piɔ̈u   31

raan ëka juak yaaŋic abï raan rɔt maan. Ëkënnë aban jam në akuut cï gum keerou, ku të cïï kek ye bën luɔɔi thïn:
Akut tueeŋ, aaye *dhubɛɛt* ëke cï keek caal paan cɔl Marïdï. Bäny ŋär SPLA aake cï *Altenet Kamandaai* ku bänykök tɔ̈ në ke cök caal Marïdï të de amat. Go amat lɔ gääu, ku thök mïïth në kecin. Go kɔc gum arët në cɔk. Na yɔn acï cɔk dït, ku kɔc aakuɔ̈t nhïïm, go ye *dhubɛɛtkë* ke nhïïm tak nëkë bïkë looi. Go kë them bïkë ya lɔ pur në dum ke kɔc baai yiic ago ŋɛk këciɛm ya yök. Nëŋö aacïïkë nhiar bïkë käke kɔc baai lööm në riɛl. Aanhiarkë bïkë gum ëke thiek yiic ku ciëëŋkë kɔc baai në bɛklɛɛi. Ye akutë acï bën gum ke bit ago kuɔ̈c pïŋ de röth nyin kuur në luɛɛl de baai yic.

Akut de rou, aaye kɔc ëke kën yaaŋ guum. Aaye akuut ke jiec *(katipaai)* ëke cï bänyken dɔm ku duikë keek. Kɔc ëke loi ëkënnë aake nɔŋ yiic kɔc juëc ëke jiël wut. Aakën yaaŋ de bäny bën guum ku yïkë röth tääu në nyïn ke bänyken yiic, ku jɔlkë bänyken yɔŋ ku yïnkë röth rin wääc. Aake yeke cɔl, "*Akuma Wäyit*" (Akuma de Tök). Nëŋö, aake ye jam yïï kënkë lɔ në thukuul yiic aaka kuc kuën. Akë luelkë yïï nyickë në biäk de kuën, ee *wäyit* (tök). Na cïkë raan töŋ de bäny yɔn cï keek mac jal kuum në acïcui ka waat thiërdhiëc (50) ka buɔt (100), ke kuën acie ca cath cïmɛn thɛɛrde; ya tök ku rou ku diäk…
Kuënden ee lut ke ye *wäyit, wäyit, wäyit, (*tök, tök, tök…*).*
Ku na yuai ka ruar yïthar në yethaa dui ke yïïnë, ëkaa jam yïï

cake wɛɛc wei! Ëka berë jɔɔk në tök! Keek kɔckë aake kën
**gum-ëlik,** aa cï piööth bën riääk ku guurkë käken.

Ëyaaŋ yɔnë acï bën lɔ në tëŋde mïïthic ëya! Mïïth aake ye röth
kuɔ̈c tek. Yennëka cïnnë Maŋäär Maciëk ye wëtë bën lueel ye,
"Yeeŋö yennë mïth cuai ëkätkät?"

### Yeeŋö Yennë Mïth Cuai Ëkätkät!
Ëwëtë aalueel bäny töŋ de bäny ke Agaar, cɔl Maŋäär Maciëk,
ke muɔɔŋ (leŋ) kennë bäny ŋär jiec në Bär el Gadhal, Daniel
Awet Aköt.[5] Yɔn tönnë jieny de SPLA piny de Bär el Gadhal
ke ŋëër Awet Aköt, ke jiec aaye juëër miöör ku rap, ku mïïth
kɔ̈k bï kek ke pïïr. Kekë cï rɔt bën ya looi, bäny ku jiec kɔ̈k tö
kennë keek, aacï bën ya cuai kepëc, ku ye jiec baŋ dïïtë tɔ̈ ke cï
guɔ̈p riääk. Ëkënnë aye ye nyuɔɔth ke mïïth yeke kuɔ̈c tek.
Yennëka cïnnë Maŋäär Maciëk rɔt bën jöt Awet në kööltök bïk
lɔ muɔɔŋ. Na wën acï muɔɔŋden jal liek ke jal Awet thiëëc ye,
"Bëny, kara, yeeŋö ye wuɔ mïïth juaar ëke thöŋ ku ye mïth lɔ
cuai ëkätkät?"

### KÄ ËKE YE ŊƐK KE GUUM YETÖK
Yɔn cïnnë yɔɔt wei, ëkaa nɔŋ bäny kɔ̈k cï kɔc bën ya lɔ yɔŋ. Ku
kɔc kɔ̈k cï röth bën ya yök bïkë kɔc ya nyuöön gup në SPLA yic
ke kuc Jɔɔn Gërëŋ. Ëkënnë, acïnnë kɔc juëc bën gum arët ku jiël

kɔc kɔ̈k nyïn në kuɛɛr cie yith.

Në kë cien rɔt lëu bï raan ëcï yɔŋ ëbën kueen rin, ke yɛn bï jam në raan cɔl Majur Nhial Makɔ̈l në nyindenic kedhiɛ. Majur Nhial ayɔɔt wei në run de 1983 ke cieŋ kuɛl kee dhetem në matuŋcääric, ku kee cï piöc arët, ku yenëkaa muk wëu ke boliith në biäk de Junub Thudän në Juba yɔn kënnë yɔɔt wei.

Na yɔn cï yɔɔt wei, go cïën bääny piɛɛth lee yök, ku Majur aye raan cï piöc aka nhiɛɛr bï yic dhil ya tääu tëde ku bï raan ëbën dhil ya yiën yicde. Ee yee lueel ye kee thär de baai yennëkee bïï kɔc roor, acie bï kɔc röth bën yɔŋ!

Ëkënnë acï Majur bën këëk kennë kɔc ŋäär në ye nhom. Majur acï bën mac naadhorou në kee run yɔn thëërëke baaikë. Ku në ye dhereenë yic, ke Majur acï bën kuɔ̈m nöök naadiäk akee Gërëŋ De Mabiöör yennëkaa ye yeen kony. Nëŋö kɔc ëke yɔŋ yen aaye kɔc ëke tɔ̈ në Gërëŋ cök ke kuc Gërëŋ! Yaaŋ cït yekënnë yennëka cïnnë raan tök ye wët bö ciëënnë bën lueel ke dhiaau piɔu ye, cï baai yeliel nyiiny në ke!

**Baai Acï Yeliel Nyiiny Në Wuɔ**
Ëwɛtë ee lueel raan cï miääu nyaai (jɔt), ke jam ke
Majak D'Agɔɔt. Aake tɔ̈ në Thukulic në tök thɛɛr, ku berkë lɔ në SPLA yic nëtök.

Majak aatëk kueric go römpiny kennë yeen ke cï miɔ̈l në mɔ̈u aka cïi cäth lëu apiɛth. Gokë röth nyic ke Majak.

Go them bï yecök thiëëtpiny bï Majak gäm muöth de jiec go cuɔ̈k lëu; yee duɔ̈r wïïk! Go Majak jal thiëëc ye, "Ya yïn ŋadi ëkë cï yiënlë!" Go dhuk ye, "Majak D'Agɔɔt kën baai ye liel nyiiny në wuɔ!"

## KÄ ËKE CÏ ABƐƐR KE GUUM

Abɛɛr aake ye gum arët në thɛɛ wään thëër ëke baai, të cïn yen raan de kuat ka mäth tiëët nyin në keek. Tɔŋ ee cï kɔc juëc nɔ̈k arët ku SPLA acïn kä ëke cïke juiir yenke nyin tïït në abɛɛr. Ëkënnë acïnnë diäär abɛɛr kɔ̈k bëiken bën puɔ̈l, ku leer kɔ̈k mïthken aɣeer. Ku diäär kɔ̈k ku mïth kɔ̈k abɛɛr aacï bën luɛɛŋwei. Ëkäkë kedhiɛ aake ye keek guum ke kɔc ŋäth bënbei de baai.

Cï mɛn cïï Aluɛɛl-Nɔŋdït (Aluɛɛl Gërëŋ) ye lueel në ditic ye bï Abɛɛr ke yiic paac në tiɔp tëlenë baai bënbei wadë:

1. Tiɔm cï raan ëbën nyaai: tik ku meth, ku mony thär baai, ku raan cï ŋuëën bï thök të yïndë? Acïï päl yen tiɔp, acïï berë puɔ̈l ke cï rëëc jöör. Raan ye yic tilic mälë; këpiɛth aye ŋöör në rëëc bï raan ye lëëth rööt, ku jɔl guɔ dik. Lëkkë Omer duönnë piɔ̈u mit, baai acie këdu; acie pinydu! Pɛl nyic yuɔɔm abï piny tëk wuɔ. Tiɔp abï rïc cuööt në ye yic.

   **Yic akɔr bï kuum, Thudän acï Nhialic yic ëcï määr cɔk tuëny rɔt nhial Omer ba ŋö looi gam lɔ̈ŋ luel Jɔɔn Gërëŋ oo**

oo oo oo cakë Jɔɔn cɔk luel pinyde ku luɔ̈i ërɔt thelemu gam dɔ̈ɔ̈r.

2. Na cɔk kɔc laar yen tiɔp, kë piɔ̈u acïï dhuk ciëën; cak ya mɛn cien kɔc dhiɛɛm wei në ye yic ëka cukku wan. Wuɔ cïï thiaan në tiɔm da nyin buk riɛɛc acïï rɔt lëu, agut bï Nhialic Jɔɔn yïën pinyde bï abɛɛr ke yiic paac në tiɔp. Cïn ye yïc yen tiɔp cie piŋ, ka cïn ye nyin të ye daai, jal bëër yïn tiɔp.

3. Thudän ee paan cïï määr bï nyɔk; tiɔm cïï SPLA, jieny ë Jɔɔn Gerɛŋ mëël në rimke. Nhialic abï yic tuɔ̈ɔ̈c. Tiɔp: awär määth, awär kë ca dhiëëth, awär määl cinic piny. Tiɔp aye dhiëëth yic raan bï mïth cil ëke lääu, ku liep ëke nyïn bïk cuai de piny nyic; ye luɔk në ŋö!

### KÄ CÏ KEEK GUUM WÄÄN CÏNNË BAAI BƐNBEI

Wään cïnnë baai bɛnbei, aaye thɔ̈ɔ̈ŋ ke këriëëc ëbën bï piath, ku ka cï rɔt bën wel ke baai cï ya kë de kɔc diääk. Guɔ̈m ku mamdït aacï röth bën wël kɔc ɣon luel baai:

o Jieny ɣɔn thär baai,

o Kɔc ɣɔn ye mïïthken ku mïthken juaar në këde baai.

o Abɛɛr

o Agut cë kɔc cï baai ke lɛɛr ku kɔc kɔ̈k ëke cï gum në këde baai, aacïnnëke nhïïm bën määr në keek.

Ëkäkë aake ye keek jal guum ëlik. Na them ba gööth ëka cït ke yïn kuc yeeŋö ë thäärë baai! Nëŋö baai acïï thär ba cam; aathär bï raan ëbën nhomlääu. Ku na päl yeen ëya, ke baai acïï thär bï mïthku, ku mïthke kɔc niɔp bïkë nyïn kuany ka bïkë ciɛ̈n pïïr piɛth. Baai aathär bï raan ëbën thööŋnhom ku bï naŋ pïïr piɛth. Kɔc juëc aa ye jal pïïr ëke dëŋ piɔ̈ɔ̈th! Acï döŋ ajiëëmë nhom!

Wään berë tɔŋ thöör në run de 2013, kɔc juëc aacï ke nhïïm bën ya jääm ku yïkë röth thiëëc yï, Yeeŋö na bɔ̈ tɔŋ ke näk wuɔɔk në tök, ku cïï mïïth wuɔ ye lëu në tök? Wuɔ ye nhïïm määr në röth të cïnnë käŋ piath, ku na bɔ̈ këthär ke wuɔ ye röth tak! Cïï piɛth bukku ya thöör në tök, ku ciɛmku në tök ëya? Yuku tök looi në kööl de riääk ku kööl de loi.

Ëtoŋ wään ber rɔt jɔɔk në kaam de Junubïïn në röth acï kɔc juëc bën thiäiwei baai! Ku ka cïn raan ë ŋic yeen lan bïnë Junuub ke nhïïm bën wël röth abë guɔ̈m rɔt bɛr dhuɔ̈kthïn!

Aye guɔ yök të le yïn cath në keem yiic (yän cieŋ abaköök keek) në Uganda ka Kenya ka Yithiopia ka Thudan. Yïn ye nyin kuany në kɔc. Kɔc ëke ye keek cuɔp wei në bëiken yiic ëke kuc këthär. Aake ye dumken puur ku mac kë yɔ̈kken ku lɔ keek cuɔpwei në tɔŋ ëjɔk rɔt të kuckë. Ëmɛɛn acïn raan yekë thiëc kë näk keek! Na lɔɔr në Kanithaai yiic, ëke Nhialic yetök yennëka yekë wël röth. Aaye Nhialic thiëëc në diet yiic ëke dhiaau piɔ̈ɔ̈th agoke kuɔ̈nybei në ye anuaan dïïtë yic. Yenëka cennë Dupiööc Petero Gërëŋ Bul Yuaŋ ye dine bën cak:

1. Duluëŋ de wëikuɔ, Nhialinyde pïïrda!
    Awä Awä Yïn läŋku. Nhialic käcë piɔ̈u në wuɔɔk; anɔŋ kä dhal wuɔ kä nuan wuɔɔk, kä cuk ke lëu të ciennë Yïïn.

Wën de Dabid eei! Wuɔ cɔl Yïn, cï cɔɔr ayɔn në dhöl
ŋeep, buk pial në Rinku, Yïn atö ke Yïn Ye Duluëŋda
Wää nyaaië anuaanë

Bëny acuk waai në Rinku yïn Krïtho.

2. Yuan cït thieny de Mothe;
Amukku në cin cuënyda, wëtdu Yekoba; Atö në wuɔpiɔɔth
ku ka ciëŋ në wuɔ yiic, Wuɔ yup wëëric wëër de badhɛɛl,
Bënydït në gämda, bï baar yeyic tek baar de anuɛɛn,
Agoku tëëk cï Yithërɛl, yɔn cïnke bën tëëk në riɛlic.

3. Acïn kë ye yï nuaan Yïn Bënydïitda, yenka cïn riɛm de tik
Cï kuëër piny në run keethiëër ku rou bën teem, në gäm,
yen Yïïn gam ke Yïn ye Wën de Nhialinydït.

4. Acïn anuaan cï Yïïn kan tiaam Bënydït pïïr, Yen ka tiɛɛm
Yïn thou ke cï raan ëbën Göök Wää, në pinyënhom acïn kë
dhal Yï, Bär däk anuaanë yic Baba, Ee Yïïn Yïtök Yïnëka bï
ye looi.

5. Rinku Yïn Yecu Krïtho, aaye Rin lajik,
Aaye Rin ye wuɔ ke tiëm Baba, Ayukku gam ke riɛɛrdu,
Ye wuɔ këriëëc tiaam eei!

Guɔ̈m cït ye kënnë ke baai cï bën bei, yennëka cïnnë kɔc kee
wël biöthkë bën ya lueel ëke dhiau piɔ̈ɔ̈th:

# WËL ËKE LUEEL KEEK NË THEE KE GUƆ̈M KU DHIËN DE PIƆ̈U

**SPLM Ke Cäm De Kɔc Ku Näŋ De Kɔc!**
Ëwɛtë alueel Dïktoor Jemith Okuk yɔn cïnnë tɔŋ röm në run de 2013. Nëŋö tɔŋ ee jɔk rɔt ke ye teer në kaam de SPLM në rɔt, ku ka cï baai ëbën bën riöök. Kɔc juëc aacï bën thou, ku thiëi kɔc juëc wei paan de Junub Thudän:

Aye Okuk lueel ye wään tö SPLM ke matic, ëkaa ye käke raan ëbën cam, na wään ale këëk në rɔt, ke ber raan ëbɛn ya nɔ̈k agut cï raan kuc këthär! "Na cï SPLM Yeyic Mat Ëka Cam Kɔc, Ku Na Tek Yeyic ËKa Näk Kɔc." Alueel Okuk!

**Gëlku Wuɔnyïn ku Pälku Aŋuem**
Ëkënnë ee wët ë lueel bäny de jiec ye cɔl Wuɔɔr ë Mabiöör. Aake tö tɔŋ ku pïïr acï yic jal riel nëŋö mïïth aake liu ajiec anëk cɔk arët. Na yɔn në kööltök ke mïïth diääk bö, go jiec ku kɔc baai ke kɔɔr bï keek tëër. Go Wuɔɔrdït ke yöök ye kɔckuɔ, "Gëlku wuɔnyïn ku pälku aŋuem në wuɔthäär." Lueelde ee bï ŋek kë bï ye kony wëi lööm ku cie kë bï ye cuaai. Ee thaa de bï wëi gël duɔ̈k ëke bï cɔk ke nyaai. Aŋuem ee kë lɛɛn ye jääl ku lee dhuk të töë kë cam.

Wuɔɔrdït aaluel ëwɛtë nëkë ecï kueeth, nëŋö anɔŋ raan töŋ de apuruuk ëcï cuïn de kɔc kee ŋuan puɔ̈k në ye cin ke yee tak ye bï aŋuemke cɔk tö yetök.

**Na Ca Tök Wuɔ̈ɔ̈c Ke SPLA Amär Nhom Në Käpiɛth Wään Cake Kɔn Tiiŋ**
Ëwetë alueel *Kamanda* Majak D'Agɔɔt paan cɔl Buna, në Kapoeta lueel ye, "Në SPLA yic ëtënë, na ca käpiɛth cak looi keethiëër, ku lɔ tök wuɔ̈ɔ̈c miäk, ke kɔc amär nhïim në thiëër piɛeth wään ca looi, ku ye töŋ ca wuɔ̈ɔ̈c yen kuenkë!"

**Kuɛi De Wël Ee Këraç!**
Ëwëtë alueel Akɔ̈l Kɔŋɔ̈ɔ̈r Rëëc ke jiëëm ye nhom, paan cɔl Naruth. Akɔ̈l aacïï piöu mit në të ciɛethë käke kanitha thïn. Go raan töŋ de abuun Akɔ̈l yɔ̈ɔ̈k bï ye kë mɛɛnë lɔ lueel të lenë kɔcdït ke käke Nhialic mat. Go dhuk ye, "ɣen cïn thöny lëu bï ɣa lɛɛr në amatdenic, akee ba wëtdië kuai, ku kuɛi de wël ee këraç. Wëtdu acie lɔ lueel cï të kɔ̈rë yeen.

**SPLA Ee Tieŋ-Mam**
Ëwëtë aa lueel Lual Diiŋ Wöl ke cï piöu dak në të yennë SPLA kɔc keen ëke cï kɔ̈ɔ̈c kennë yeen rokic tiëŋ thïn. Kɔc juëc ëke kën röth ɣooc në tɔŋic aake ŋɔ̈ŋ. Na wään alɔ kɔc ëke cï jäl në SPLA yic dhuk ciëën ëke nɔŋ käŋ, ku cïk röth juiir, go ya keek ke yee SPLA ke ruëët arët; ku mëër nhom në kɔckeen wään mam rokic nëkë de baai. Go Lual ye wëtdeennë jal lueel ke dhiɛɛu yen piöu ye, "SPLA ee tieŋ-mam; ee mïthke kuɔ̈c muk

abïk nuet. Ku na lë ye tïŋ mɛɛnh de raan dët cï ŋiëc muk, ëka ruëët ku dɔm, ku boom, ku jɔl ciim thok, ye këdië këdië yoou!"

## Ma Yawu Bäth

Ëwëtë aaleeŋ Bäny Kiir Mayäärdït në Nairobi ke kee jiëëm kɔc kennë Jɔɔn Gërëŋ në të bï thäär baai. Aalueel Kiir ye Lual Diiŋ ee jam ke Muɔny Nuëër në thaa ɣɔn mët Anya-nya 2 rɔt SPLM/A në run de 1987. Lualdït aathiëc Muɔny Nuëër ëbɔ̈ ke Anya-nya 2 ye, "kara mɛɛnhkääi yeeŋö yakë thɔ̈ɔ̈r wen në wuɔɔk, na jiëlku paanda ke wuɔ lɔ Ethiopia tëde piööc, ke we kaŋ wuɔ të tëëk wuɔk paanduɔ̈n ku na loku dhuk ciëën ke wuɔ lɔ thɔ̈ɔ̈r në Arap ke we ber wuɔ kaaŋ! Cakë nhiar bï kɔc thɔ̈ɔ̈r kennë Arap?" Go dhuk ye, "Anhiarku." Go Lualdït ber dhuɔk yeen ye, "akee bukku päl week bakë thɔ̈ɔ̈r weepëi yen baai, ku buku wuɔ cin nyaai thïn?" Go dhuk ye, "Acïn tɔŋ lëu bï tiaam ke Jiëëŋ liu thïn." Go Lualdït lueel ye, "akeeŋö yakë thɔ̈ɔ̈r wenë wuɔɔk?" Go dhuk ye, *"Ma yawu bäth!"* luɛɛlde ee: thubaŋ, ka abac, ka yeya, ka ëkaya!

## Ŋek ke Pïïrde!

Në thɛɛk wään tueeŋ piɛcë kɔc ke lɔ Nairobi, Kenya, ëkaa nɔŋ diäär nɔŋ käŋ ëke ye kɔc lɔ tɔɔn në bëiken yiic të cïnnë paandu yic käpieth ke rëër ka käpieth kɔ̈k yennë ke ɣööt dhuëëŋ yiic. Ëtëën, acïï Acol Atëm Gäk ye wëtë bën lueel ɣɔn në kööltök ke jiëëm yenhom ke rëër ke mäthde ye, "Akuɔc kë cï kek ŋek ye puɔl bë pïïr në pïïrde." Acol aaluel ye wëtë, nëŋö pïïr acïï thöŋ; raan nɔŋ cin käŋ acïï lëu bë yenhom thööŋ ke raan cïn pïïr piɛɛth tö kennë yeen.

**Nhialic Cɔk Ye Nyuöth!**
Ëwëtë alueel lathkër de SPLA ke cï jieny de akuma de Thudän dɔm! Yeen, elathkër kënnë ee tït në *doorëya*. Na wën ke dɔm nïïn, go nin. Go jieny de akuma bën ku yök ke nin. Gokë tuɔɔr lööm ënɔŋ yeen, ku jɔlkë puɔ̈ɔ̈c bï rɔt jɔt. Wën liep en ye nyin, go nyic ke ye jieny de akuma, go dhuk në nïnic ku lueel ye "Nhialic cɔk ye nyuöth!" Go kɔc nyic thok cath kennë jieny de akuma dɔl arët, ku guïïrkë Areep ye jiɛc. Go Areep dɔl ëya, ku dhukë dhaŋde ke cïï kek dɛɛu nyaai thïn, jamkë yï, "Acïn kë nyic pälku (ee *mithkiïn)*!" Gokë jal puɔ̈l.

Gum-Ëlik 42

# NYÏC

### Jäl de Gërëŋ Aŋuën Thon de *Alip Jundï*

Ëwëtë aalueel Bäny de Thudän cɔl Japer Mamed Nïmeerï yɔn piŋ yen Jɔɔn Gërëŋ ke cï yɔɔtwei Boor. Yɔn thëërë tɔŋ Boor në pɛɛi nïn 16/5/1983, akuc Nïmeerï lan këëcë Gërëŋ kennë jiɛc ke *Junup* yɔn thäär në Madiŋ Boor. Go ya lööm ke yee kë thiin koor. Na yɔn lee ye piŋ ke Gërëŋ cï yɔɔtwei ëya, go lueel ye, "jäl de Gërëŋ De Mabiöör aŋuëën ë thon de *alip jundi*" (thon de jiec biänabuur de Thudän). Aanyic Nïmeerï apiɛth, ëkë bï bën ke jäl de Gërëŋ, ku ka cï rɔt bën dhiɛel ëjik në thaa wään thëër ë tɔŋ. Tɔŋ acï yic bën rier arët në akiir ke Gërëŋ, ku nyïnyde.

### Piny Amec; Aabï Thuɔl!

Ee Jieny de SPLA yennëka tëk paan de Aliap ke lɔ tɔŋ. Go Muɔny Aliap lathkër tök jal thiëëc ke cï gäi në käjuëc cïke ruɔ̈k në ye guɔ̈p nɔŋ yïï tuɔɔr, *kupup, järbääniya*, konh de dëk, *thɔŋki, garanet*, bɛk ku ka juëckök yïn ya. Go lathkër ke kueen në rinken ku luɔɔiden. Go Muɔny Aliap bɛr thiëc ye: "Yan yeeŋu yee kek juëc ëkälä?" Go Muɔny Aliamdë kääc ke pïŋ lathkër dhäŋwei, ku bëër jiɛɛm ye, "Wënde Nyïŋëër piny amec; aabï thuɔl kee käjuëckë, akee kë lɔthar gɔtɔtë (tuɔɔr) yennëka bë döŋ yetök!"¹ Ëwëtë ee lueel Muɔny Aliap ke jäny raan cï gäi në käjuëc muk lathkër de SPLA keek.

## Dhuk Rɔt; Aalök Dë Gɔl (Jɔɔk)!
Ee Muɔny Aliap yennëkaa cïnnë mïthke lɔ Ethiopia yɔn lenë mïth nhial.² Na yɔn acï kɔc lɔ kat Ethiopia, go kɔc bën Kakuma, Kenya. Go pïïr yic bën rier arët paan de Kenya; cïï ber cïët pïïrde Ethiopia. Go wëntöŋde wëtke ye raanë dhuk paan de Aliap. Go wun thiëëc ye, "yeeŋö yïn lɔ dhuk?" Go jam ye "pïïr de Kenya acïï cït pïïr wäär de Ethiopia; e pïïr rac arët!" Go lueel ye, "cï mïth ke Buɔɔr jäl?" Go lueel ye, "Kaa tö!" Go weŋ yaac wei ku yöök wënde ye, "Dhuk rɔt mɛɛnhdië. Na yee Buɔɔr ëkaa lök dët gɔl (jɔɔk)."

Na lɔ wënde dhuk Kenya ke bɔ ku yök mïth ëke lɔ Amerika, ku cï rinke piäät ke ye raan lɔ Amerika ëya. Go jal guɔ ya raan töŋ de kɔc lɔ Amerika në ye thaa yɔnë. Na cï lɔ Amerika, go wun lɔ tuɔ̈c wëu ben ke bën yöök në yök paan de Aliap. Go wun piɔu miɛt arët ku yöök wënde ye kë wään ya nyic ëkan.

---

[1] Ëkë yɔn lueel Muɔny Aliapë acï rɔt bën dhiɛɛl në yic. Ekä juëc yɔnë aacï bën thuɔl ake dhaŋ/tuɔɔr yenëka cï bën ya duut nyin ke mɛt wei ëya!
[2] Lɔ Ethiopia yɔn yen ka ye cɔl lɔnhial.

### Thööc aŋoot ke kën Wun Yök

Ëwëtë aalueel bëny Thälpa Kiir Mayäärdït në thaa ɣɔn jiëlë William Nyuɔɔn, në Pagëërï, ke ye *nɛɛp* (bëërbëër) de Jɔɔn Gërëŋ. Kerobino Kuanyin Bol acï kɔn jäl në ye thönyë yic, go Nyuɔɔn nyin löökic. Ku na ɣɔn ber Nyuɔɔn yɔɔt wei thïn, go kɔc kɔ̈k lööm cït ke yee kë bë rɔt ya looi në nyindhie (bë ŋɛk ya bën ku jiël)! Na ɣɔn në kööl tök ke Thälpa Kiir jɔl amatdït cɔɔl bë jam kennë kɔc ëke tɔ̈ paan de Abaköök cɔl, Amɛ. Go raan tö̈ŋ ye cɔɔl, Aliɛɛr Biaar Malual (Lönh-Amuɔ̈ɔ̈r), rɔt jɔt ku thïïc Thälpa Kiir ye, "Kara bëny Kiir, yeeŋö ye we yɔɔth lïl në ye thönyë yic; ke ye we yɔɔt wei thïn?" Go Kiir dhuk ye, "Alirdït, thööc aŋoot ke kën wun yök, ëmɛɛn acï wun jal yök." Luɛɛlde, ee Kiir yen kee raan bï jal lɔ rok në thööcic; acïï bë bɛr yɔɔt wei.

### Jiëëŋ Abë dhil Kɔ̈ɔ̈c Cï Amook!

Ëwëtë alueel raan cɔl Macuɔɔr Ajak-mathiäŋ Atëm në thaa wään cïnnë käŋ jal rac, go juur juëc kɔ̈k jäl në SPLA yic ku dɔ̈ŋ Jiëëŋ. Go ye wëtdeennë lueel ben kɔc muk piɔ̈ɔ̈th në thaa ɣɔn cï kɔc piɔ̈ɔ̈th duɔ̈r lɔpäk në tɔŋic. Jiɛɛm ye jäl de jurkɔ̈k në wuɔ kɔ̈ɔ̈th acït jäl de aŋueem në raan thar! "Na cï raan nuei ke aŋuem aaye jäl ku dɔ̈ŋ amok ke kääc ke cïï rɔt ɣoc tëde. Na miäk lɔ raan cuai, ke aŋuem aadhuk röth në amook kɔ̈u, bïkë kum. Yennëkee cɔ̈ɔ̈k de Jiëëŋ; Jiëëŋ akääc në cök yiic, ku ye juur cï cak jälë aabï lɔ dhuk ciëën, ku yökë Jiëëŋ ke kääc tëde!"

**Këëk de Yïï Liep ke Guɔ̈l acïï ke ye Tek yiic**
Ëwëtë a lueel Lual Diiŋ Wöl³ në thaa ɣɔn mëëtë keek ke Jɔɔn Gërëŋ. Lualdït acï këëk ke Gërëŋ në biäk de *thiɛɛtha*. Na ɣɔn ke them kɔcdït ke Aweil bïk Lual jööny, ku yöökkë bë ke määt kennë Gërëŋ. Go Lual gam në thoŋ de kɔcken. Na ɣɔn alek paan de Gërëŋ ku gɔl jam, go ya Lual yen kɔn jam gɔl në wët de dɔl jiɛɛm ye, "Gërëŋ ë ma, kara na cï yïï liep këëk ke guɔ̈l në raan thok, ëke ye lɔdë? cïk ye rëër ëtök në ye thoŋtöŋë yic?" Go Gërëŋ dɔl ku yen ye gɔc de döörden.

**Cuɔɔr Acie Göör Abac!**
Ëwëtë ee wët ë lueel Jɔɔn Gërëŋ ke cï piɔ̈u riääk ënɔŋ raan ye cɔl Jimmy Karta (Carter). Jimmy Karta amɛɛn kɔc ke SPLM/A arët në kë ëyen käke Akuma de Thudän dɔc kuɔny cök. Na ɣɔn në kööltök ke jal bën Kenya bë bën jam në biäk de döör, ku ka nyic Gërëŋ ke ye raan cïn kë lëu bï kuɔny SPLA. Go Gërëŋ yöök ye ɣen ye raan de kuan ye mac në ɣɔk. "Na yee yïn tïŋ cuɔɔr ke göör ëka nɔŋ lën cï thou ka lën kɔɔr bë thou. Na ye tïŋ ke SPLA kɔr bï thou ëka cïn kë näk en." Na cï Gërëŋ ëwëtë lueel ke jɔt rɔt ku jiël, ku yen ye thök de amatde kennë Karta.

---
³ Lual Diiŋ aye raan töŋ de kɔc ëke ŋär SPLM/A rokic wään thëërë baai.

**Duɔ̈kkë Ya Ye Nuaan Në Ŋuel Ke Thiɛm!**
Në thaa ɣɔn yɔɔtë wei, ke kɔc juëc ke Kɔryɔm[4] aake ye kɔc ëke jiël në wuɔ̈t yiic. Na ɣɔn acï pïööc thök, paan cɔl Boŋga, ku lonyë jiec piny, go kɔc kök nëke yiic yiën piöth (*ciriit*) bïkë ya bäny. Ëtëën acïnnë raan töŋden ëjiël ke ye bäny wut bën tääu ke ye *arip* ku yïnë *thïm (jamaa)* nɔŋic mïth ëke bɔ̈ rɔɔk, gokë ya dhɔl guɔ̈p në kë kën yen piöc; yïkë jam yïï thueet ŋɔ̈ɔ̈r. Na ɣɔn në kööl tök ke jal piɔu riääk arët ku yöök keek ye, "Duɔ̈kkë ya ye nuaan në ŋuel ke thiɛm! Yɔn yan bäny wut; yɛn ee mac wut ke nɔŋic: jök, ku yök, ku dhäk, ku röthii ku nyïïr!"[5]

**Anɔŋ Kë Ye Ŋuëëc Thïjäära!**
Në thɛɛ ɣɔn ke tɔŋ, ke mïïth aake ye yiic riɛl arët, ku kɔc aake ye thɔ̈ɔ̈r në jieny de akuma të cïnnë ye yök rokic ëtëën. Na ɣɔn në kööltök ke jieny de Anya-nya1 jal thät ku raan töŋden akääc ke tït (*dooriya*). Go raan wën tït thïjäära ŋɔ̈ɔ̈r, ku kuc të mɛɛthë ye thïn. Go nyic acïn kɔc kök ye *thïjäära* maath ke cie jieny de akuma. Go kɔc ken yöök ye "Yɔ̈pkë cuaai ku tääu kë rïŋ në jiep yiic, anɔŋ kë ye ŋuëc *thïjäära*!" Acïn kë kɔr bï waan ku cuaai aa

---

[4] Kɔryɔm, akut dïït töŋ de akuut ke SPLA ɣɔn thär baai.
[5] Ë raanë aanyooth ŋɔ̈ɔ̈r riric cï kan looi. Bäny wut wäär paan de Jiëŋ aa ke ye mam arët: jök aabï ciɛk kɔc kök kual, yök aabï kä rec kök looi, dhäk ëya aabï kä ke pial de yiic looi, ku kä bï kɔc këëk, ku nyïïr ku röthii aabï röth guɔ liaac. Nyïïr ëya aalëu bï monytök ke këëk, ku yen ye cɔ̈ɔ̈k de röthii ëya aalëu bï nyan tök ke këëk. Ku kënnë ëbën aye bäny wut ret abë kɔc rëër ëduk/ëlou.

cie lɔ në jieepic. Go ŋuëën bï cuaai yööp ku bï rïŋ muk në jiep yiic.

## Piny Acï Boor Në Lueth

Ye wëtë alueel Bol-Mawut në thɛɛ ɣɔn yennë ke yith maan. Kɔc aake cï nhïim liääp në ye thaaë abï yic duɔ̈r määr. Na ye jam në yith ke yïnëka ye tïŋ ke yïn ye raan rac. Go kɔc ye yith lueel ya maan. Na ɣɔn në kööltök ke Bol-Mawut jiëëm raan töŋ de kɔc cï keek maanë ye, "palë rɔt piny, baai acï boor në lueth. Ku na cï boor në lueth cït yemɛnë ke kɔc bë kuaŋ lëu thïn aaye kɔc ye jam në lueth!"

## Kɔnkööc Bëtakumde Yawu Bëjip Wëtkë Badeen!

Anhiɛɛr Jiëŋ bë kë näk kɔc kan ya tïŋ ku bë jal kat në yeen. Ëkënnë acïk bën ya looi në thɛɛ wään ke tɔŋ. Na bɔ antïnob ka dë näk kɔc ëkaa yee kɔn tiit ku jal kɔc bën kat. Na lë cï jal tïŋ ke ye kë näk kɔc, kekaa jal röth yɔ̈ɔ̈k ya "Wëtkë," antïnob (Tiɛɛr) acï bën. Na ɣɔn në kööl tök ke kɔc piŋ antïnob ke wuu nhial, go kë lueel ye bïkë kan tïŋ bïï tëno ku leer tëno. Go muɔny Jur rëër kennë keek, ku cï yekënnë kueeth jal jam ye, "kɔnkööc *bë takumde yawu bë jip* wëtkë *badeen*!" ku kɛtwei, lee thiaan.

Gum-Ëlik 48

### Ëtë Muk Yïn Mïth Thïnnë *acie* safe

Ee raan ëjiëëm raan kën thiëëk ago thiëëk. Go raan ya dhuk ëmääth ye ɣen bï thiëëk; acïn të dëënyë thiëëk kɔc thïn. Go dhuɔ̈k yeen ye, "Mäth, ëtë muk yïn mïthku thïnë *acie safe* (acïn kony). Nëŋö, mïth kënnëke dhiëëth aakucë ke pïïrden." Lueel de ye wëtë, ee na nɔŋ kë yök raan kën thiëëk, ke mïth tɔ̈ në ye guɔ̈p aacïï beer ëke dhiëëth.

### Ye mïth atɛɛr bɛ puöl në ɣa yic akaa cïï ɣa bï dhiöm rou

Ee raan cï köny yenëkee jiëëm yenhom në guëŋ ke yee kueer ben kë ŋom ye lëk kuande bï juër ɣɔ̈k ben ke thiëëk. Etë wën leeŋ en ke kɔcë ekee cï yiën kuääi, go yic roor ëtɔrtɔɔk abï piŋ në raan ëbën. Go lueel ye, "Akɔc, ye mïth awuɔɔu thec në ɣayic, yïkë lueel yïï ba ŋö looi kuka cïn kë tɔ̈ ke ɣɛɛn ban manëden thiaak aguɔke dhiëëth biyic cï jur nɔŋ käŋ. Eedë pëlkë röth piny, aabï ɣa dhiöm rou abac. Go kɔc lɔ tuŋduur në dɔl. Kuanden acïï wëtde bën dɔm në ayäär, gokë kecin juaar, yökë ɣɔ̈k, thiɛɛk kek ke tiŋde.

### Raan cam në ye runë, ee raan cïï raande thou ku raan thiëk

Eewëtë ee lueel Ayaac Adit Deŋ-wïïr (Ayaac-jok) yɔn kɔɔrë wënde bï thiëëk, go cɔɔl ku thiëëc thok lan cien miëth bïï jur cam juiir apiɛth. Lueel ye, "Meth, ëmɛn cïn thiëëk takë, ca miëth bïï jur cam kɔɔr? Raan cam në yerunë raan cïï raande thou ku raan thiëk. Ayenë nyuc piiny ku jal kërieec cäk thok ëbën ku mär kɔc nhïïm mɛn yenë thiëëk kööc, araan kueth ku raan cïn käŋ aakɔr thiëëk ëbën. Ku ye kɔc ŋöŋ ku kɔc nɔŋ käŋ aaye ëkɔc ke thou kedhiɛ. Kuka yenë nyuc piiny ku cëkë këriëëc thok ëbën abï kɔc nhïïm määr në ŋööŋdu.

**Na ye jɔk jäl në pïu ke ɣen cï dac rony ëna yɔn, ajɔk acï dhil jäl**
Ee wëtë ee lëkë Ayaac Adit Deŋ-wïïr (Ayaac-jok) Bicep Gabriɛl Thuc Agöth, kee luk bicep bï yoor nhom. Go lueel ye meth na ye jɔk jäl në pïu ke ɣen cï dac rony ëna yɔn, aka ya tak ke jɔk cï dhil dac jäl në ɣa guöp ëcaŋ yɔn.

**Wuɔ Bï Röth Dëër Në Thonde Mïth yic**
Ëwëtë aalëkë raan mäthdeen ëcï kek dac puɔ̈k tëmec, ku jɔlkë bën römpiny tëdë. Gokë jal mat në muɔɔŋ, go mäthde thiëëc mɛn cien bën thiëëk ka ŋoot, go dhuk ye, "ɣen ŋoot ke ɣa kën thiëëk," go mäthde dɔl guɔ̈p në buɔ̈ɔ̈i ku yöök ye yeeŋö tit ku yïn cukku dëëny wuɔ wätriëëcku, yïn bï dhiɔɔppiny abac. Go piɔu riääk ku cïï nyuth mëthë ku bɛr thiëëc mɛn cien thiëëk, go mäthde lueel ye, "ɣen cï dac thiëëk akaa ye mïth kek kaa ye thou ɣɛɛn," go lueel ye, "ke wuɔ bï röth dëër në thonde mïthic." Luɛɛlde, ee thiëëk yen acïnnë ye mëën, abï thiëëk ku gɔl dhiëth ke mäthde ëtök, nëkë cïnnë mïth tueeŋ ke mäthde thou.

Gum-Ëlik 50

**Raan de Tëŋ de Mïïth Akën Rɔt Yök!**
Ëwëtë aalueel Jɔɔn Gërëŋ në thaa wään de tɔŋ ke jiëëm jiec. Gërëŋ aacï këriëëc ëbën kɔɔr tɔŋ bëi agut cï mïïth, ku mïïth acï röth bën kuɔ̈c ya tek. Na yɔn acïï Gërëŋ tïŋ ke kɔc dak piɔ̈ɔ̈th në të ye tëk mïïth, go tak bë jam në yeen në kööltök ke jiëëm jieny de SPLA jöt lonyë piny. Aakɔr bë nyuɔ̈th kɔc lan cïn yen kë cïï SPLA lëu bï bëi kë bï tɔŋ cɔk pieth, akee kuɔ̈c tëk yennëka cïnnë käŋ kɔc ye lëu. "Acïn kë kën bëi akee raan de tëŋ de mïïth yetök yennëka kën yök, ku jɔl ya dhaŋ ye rɔt muɔc yetök."

**Rok Acolic**
Ëwëtë alueel Abel Aliɛɛr Kuaai ke jiëëm kɔc yɔɔtwei bïk baai lɔ thɔ̈ɔ̈r. Aake weei keek në kä yennëke rok cieŋ, jiɛɛm ye, "Rok acolic". Kë colic në thoŋ de Jiëëŋ ee kë kucë kë tɔ̈ thïn ka kä cieŋ yeyic. Ayennë kɔc cath ëke tit röth ago kë röth cuɔ̈k deeny!

**Käŋ Aacï Ɣaar Ke Liek**
Ëwëtë alueel Bicep Nathäniel Gërëŋ Anyieth paan de abaköök cɔl Kakuma ke jiëëm duŋɔ̈ɔ̈r ke Kanitha. Kɔc aake cï këëk në kä ëke cï ke juaar ku toocëke baai bïnë ke kɔc mam lɔ kony (alëth, weu, mïïth ku kɔ̈k yïn ya). Go raan ë leer käŋ ke kuɔ̈c lɔ tek. Go kɔc ëke juar käŋ piɔ̈ɔ̈th riääk ku lek guɛl në Bicep Nathäniel nhom. Go lëk keek ye, "Mälkë, käŋ aacï ɣaar ke liek; dhie na cï piny ya mäi ke piny ee ɣaar. Na miäk alɔ deŋ tueeŋ tuɛny ke pïu

ke deŋ/dëŋ tueeŋ aayee ɣar ke liek. Na miäk acï ɣar jal thiäŋ kë pïu a jal cɔ̈u bïk raan ëbën dëër (dööt)." Bïcep Nathäniel ee lëk kɔc bïk nyic ke käŋ cïï kɔc dït piɔ̈ɔ̈th ke jɔt ku na lɔ käŋ juëc miäk ëka bï raan ëbën lëu.

### Akɔ̈ɔ̈n Acïï Acuuk Ye Käcic
Ëwëtë aalueel Majak D'Agɔɔt në Pänyagoor kë jiëëm kɔc në amatic. Kɔc ceŋ paan Boor aake cï riɔ̈ɔ̈c arët në kɔc ken ke ater. Go kë piɔ̈ɔ̈th ya naŋ bïï mïthken tö në akuma yic keek ya kony në kä ke thɔ̈ɔ̈r. Go Majak jam kennë keek ye wuɔ mïthkuɔ̈n tö në akuma yic, wuɔ cïï lëu buk we yiën kä ke tɔŋ në ŋö wuɔ ye bäny ke kɔckuɔ̈ɔ̈n ke ater ëya. "Wuɔ ye akuma, akuma acït akɔ̈ɔ̈n mɛn cïï lëu bë thɔ̈ɔ̈r kennë Acuuk." Yennëkee cɔ̈ɔ̈k de akuma kennë kɔc mɛc keek. Aacïï keek ye käc yiic adë kaa riɔ̈pke piny.

### Riääk De Baai Acie Liu De Mïïth; Ee Riääk De Wël
Ëwëtë aalueel Abun Jothep Bul Gërëŋ Bul në jamic në thaa ɣɔn cïnnë kɔc nhïïm liääp në biäk de kanitha. Aalëk kɔc bïk nyïn tïït në kä ye baai wɛt piny; lan cen ye cɔk ka kɔ̈k ye kɔc nɔ̈k baai akee riääk de wël yennëkee baai riɔ̈ɔ̈k. Lueel ye, "Riääk de baai acie liu de mïïth ee riääk de wël."

**Ye Yëp Ka Raan Yep Tim Yen Dhälkë!**

Anoŋ raan cɔl Mathɔn ë Mathɔn aaye wël lëk kɔc në dhɔ̈l kuɔ̈m në thɛɛ yɔn ke tɔŋ duɔ̈kke bï kɔc ke akuma de Thudän deetic. Na yɔn cï tɔŋ yic jal riɛr arët, go kɔc kɔ̈k ëke ye piɔ̈ɔ̈th lɔpäk ya dhuk geeu (rɔɔk). Go kɔc ëke thär baai në ke thook në biäk thïn, cït yïï Mathɔn ë Mathɔn, ke kueeth. Na yɔn në kööltök ke jal kɔc ye dhuk geeu jääm në wët cï thiaan köu ye, "kara yeeŋö ëkë ye we bɛr lɔ ke we lɔ nhial në tim yep; ya raan yep tim ka ye yëm yepë tim yen dhälkë?"⁶

**Ayäär Akënnë Peec Ke Yɔ̈k**

Ëwëtë alueel Majak D'Agɔɔt në Pänyagoor ke jiëëm kɔc në biäk de cieŋ. Kɔc aake cïnnë cieŋ ëliu kennë keek thɛɛr rɔt gɔl në ke yiic abë remthi ya cuëër, ku yïkë luui në kä thii kɔ̈k piɔl yiic. Kɔc aake cïnnë ayäär ke jäl nëke yiic (ake cï nyɔŋ de ayäär cuet). Go Majak kɔc yɔ̈ɔ̈k, në thaa ëcïnnë kɔc ke nhïïm määt bï të bïnnë baai cieŋ thïn jaamic, lueel ye, "yeeŋö cï ayäär nyaai, ku ayäär akënnë peec ke yɔ̈k? nëŋö, riɔ̈ɔ̈c de guɔ̈p yennëka yennë ë paandaannë cieŋ thɛɛr ke cïnic aliäp."

---

⁶Mathɔn ë Mathɔn ajam në kɔc thär baai (SPLA); go wët lueel ke cï thiaan köu ago kɔc ke ater cuɔ̈k detic. Thudän yen ke tim, ku raan yep time ee SPLA, ku yëp yennë dhaŋ thëërë baai.

**Raan Macäär Acït Amäi Piiny**

Ëwëtë alueel Abdelbagi Ayii Akɔ̈l në amat de akuma yic në Kartuum. Acï akuma de Thudän mat bï Jiëëŋ ëbën nɔ̈k në Thudän abï ciën raan töŋ döŋ, ku Ayii aatɔ̈ në ye amatë yic. Go piɔ̈u riääk ku yöök Areep ëke tak yekënnë ye, "Raan macäär acït amëguak ka atɔm adhiɛ ye mäi piiny. Të nyuënë dom de amëguak ëka cïï raan ye ŋic lan nɔŋ yen nyin cï döŋ piny, ku na lɔ deŋ këër miäk ke amäi piiny wään cï thiaanë ajɔl cil. Yen duɔ̈kkë thööŋ wuɔ̈ɔ̈ bakkë Jiëëŋ thöl nyin në pinynhom; abakë nɔ̈k ku ka cakë bï thöl nyin!"

**Aŋui Acie Lɔ Cuëër Ke Mïth**

Ëkääŋë alueel kɔcdït ke Aweil ëke jiëëm raan töŋden ëcï piɔ̈u riääk nëkë cï meth luɔ̈i yeen. Ë raandïïtë, anɔŋ këdeen ŋolthar ëloikë ëtök ke mɛɛnhthiin ruëëike; go rɔt yök ke cït ke cï meth muɔ̈ɔ̈tnyin. Na yɔn ke jal kɔc dït kɔ̈k cɔɔl bë luŋden looi. Na wën acï jam thök, ke jɔl gɔ̈k (leŋ) ke kɔc thöŋ kennë yeen. Gokë yöök ya, "kara yeeŋa alëk ye yïin lan yennë aŋui lɔ cuëër ke mïth?"[7]

---

[7] Aayee lueel ya aŋui acie lɔ cuëër ke mïth ke nëŋö na ye thaa cïnnë cɔk mïth dɔm ëkaa lɔ cuëër në akɔ̈l ciɛlic ku lɔ keek nɔ̈k, nëŋö keek aakuc akiir (aciir) ke cuëër.

**Riäi Acïï Wuɔ Lëu Në Tëëm Wuɔdhiɛ!**
Raan ye cɔl Lual Diiŋ Wöl ee jam arët në kä dɔlë keek. Yɔn cïnnë cuɛt thiɔ̈k bë Junub tëk bei në Thudänic, ke kɔc aake cï nhïïm lɔcɔ̈t në wët de Abyiɛi, ku Nuba, ku Blue Nile. Na yɔn në kööltök ke Lual Diiŋ Wöl lɔ ënɔŋ Kiir Mayäärdït, mɛn ye bëny de baai ku yöök ye, "Kɔnku tem laŋtui ku buk jal lɔ tak lan bï wuɔ keek lɔ tuɔ̈c riäi, ka buku keek lɔ diëëi, nëŋö riäi acïï wuɔ lëu në teem ayeer ëtök wuɔnnë keek, adë ke wuɔ dïïr wuɔdhiɛ!"

**Bääny Acie Tiɛɛt Në Kɔc yiic**
Ëwëtë alueel Majak D'Agɔɔt ke weei kɔc në Kartuum, ye ka cie bëny yen ëye bëny dhiëëth. Bëny alëu bïï raan cï rɔt yök dhiëëth; acïï lëu bï tiɛɛt në bëny yic ya bëny bï baai mac miäk abïï bëny mac baai ëmɛnë dhiëëth.

**Ee Raan Cï Thou Yennëka Cie Luk**
Ëwëtë aalueel Yïthaya Col Aruëi (Col-Amot) ke jiëëm kɔc ëke cï keek nyuɔ̈ɔ̈n gup në kë kënkë looi, ye, "Biɛtkë we thook. Thaa abï bën bïnë yith lueel. Raan cï thou yennëka cie luk, ku raan pïïr ee bën luk abï yic de yök."

**Yic Acie Thiɔ̈k**
Ëwëtë alueel Bol-Mawut ke wëët në Juba në Kööl de Jön de Rɔt në thaa wään cïnnë baai nhom liääp. Kɔc aake yeke gup nyuɔ̈ɔ̈n në kä cie yith. Go jön de rɔt de Yecu thɔ̈ɔ̈ŋ ke määr cïnnë yic ye

Nyïc 55

määr të cɔk ë raan ye them bë muɔ̈ɔ̈r. "Ye, yic acie thiɔ̈k; na yïn cak yic thiɔ̈k aba lɛɛr tiɔm thith, ku jatë kuur në yenhom, ëka ŋoot ke jɔt rɔt. Yennëka cïnnë Yecu rɔt jɔt; nëŋö Yecu ee yic."

## Mät Acie Bakë Thöŋ

Ee Bol-Mawut yennëkaa luel ye wëtë ke wëët. Athööŋ mät ke yïŋ de ɣöt. "Na yïk ɣöt ke käke yïŋ de ɣöt aacie thöŋ, kɔ̈k aa ye dït (cï mɛn de dhïŋkï), ku kɔ̈k aa moth thook (cï mɛn de mathumäär), ku kɔ̈k athoi kɔ̈ɔ̈th (cï mɛn de tiim ke yïk). Yɔ̈cden ëya acie thöŋ, kɔ̈k aatɔ̈ nhïïm nhial, ku kɔ̈k aatɔ̈ nhïïm piiny. Ku kë thiekic në yekënnë yic ëbën e män ye kek mat abï ɣöt kɔ̈ɔ̈c. Nëŋö na cïkë röth gam ëke wääc yïya, kë ɣöt acïï kɔ̈ɔ̈c lëu."

## Wuɔ Bë Dhil Cieŋ Ëtök!

Ee Majak D'Agɔɔt yennëkee jiëëm kɔc në thaa wään cïnnë mïth ke paan de Junub këëk në röth keepëc. Junubïïn aake ye ke thook tek në kuɛɛt, go Majak ye wëtdeenë jal lueel ye, "Acïn raan yee raan bë dhiëëth ke ye lɔc, ee muɔth yennëka yee lɔc!" Aajiëëm kɔc bë kɔc rëër ke cïn atekthok, ku tiɛɛl de röth. Nëŋö, Nhialic acë wuɔ cak, ku tëëu wuɔɔk ëtënë buk cieŋ thïn ke wuɔ ye kuɛɛt wääc. "Juur cieŋ Junub Thudän kedhiɛ, ee Nhialic yennëkee cak keek ku mɛt ke nhïïm bïk cieŋ ëke ye paantök."

### Aŋuem Ee Lɔ Dhuk Të Pïïr Ëwëi

Ëwëtë aalueel Jɔɔn Gërëŋ ke jiëëm kɔc ëke kat paan de abaköök cɔl Atepi ëke lɔ Lobonï keeke cï pïɔ̈ɔ̈th lɔpäk. Go kɔc jal jääm bïkë ke pïɔ̈ɔ̈th riit ye, "Duɔ̈kkë pïɔ̈ɔ̈th lɔpäk piath abë bën në thaa cïï mec, na pïïr wëi ke aŋuem, ku kɔ̈k cï jäl në raan guɔ̈p aaye bën lɔ dhuk të cïnnë piny piath."

### Run Ëthouë Gërëŋ Acïnnë Raandë piŋ

Yɔn në run de 2005, ke raan ee jiëëm raan ruëikek ëye jam ye bï lɔ pïɔ̈ɔ̈c në wët de Nhialic paandë ku ye paanë anɔŋic riɔ̈ɔ̈c. Go jöɔ̈ny bë cuɔ̈k lɔ. Go dhuk ye, "Yɛn bë lɔ, na ca guɔ lɔ thou ke yɛn pïɔ̈ɔ̈c wët de Nhialic ëka cïï rac." Go ye raanë dhuk ye, "Kee yic ku kë lɛk yïn, raan bë thou në run ë thou Gërëŋ De Mabiöör acïï bë piŋ!" Luɛɛlde ee raan bï thou në runë thouë Gërëŋ acïnnë thonde bï kan piŋ.

### Acie Raan cï Thou Yen Ye Baai Riɔ̈ɔ̈k

Në run yɔn thouë Gërëŋ De Mabiöör, kɔc aake cï dhiaau ku cïk duɔɔt arët yïkë jam yïï, "baai acï riääk!" Go raan tɔ̈ŋ de kɔcdït ye wëtë lueel ye duɔ̈tkë we pïɔ̈ɔ̈th, "Acie raan cï thou yen ye baai riɔ̈ɔ̈k, ee raan pïïr."

### Kɔc Cïï Dɔ̈ɔ̈r Ye Biɔɔth Aaye Dudhuum

Ëwëtë alueel Abun Jɔɔn Ayuël Wuɔɔr ke wëët në Nakuru, Kenya ke pɛɛi ye nïn tök, pɛɛi de tök 2017, lueel ye, "Kɔc ye

Nyïc 57

Yecu gam aabë dhil ya kɔc ke döör, nëŋö Yecu ee Mëlëŋ de döör, Kɔc ye döör cɔɔl, ku berkë döör reec të cien thiök aaye dudhuum! Wuɔ kɔɔr döör aka ŋuëën bë raan ye döör reec liu në wuɔ yiic, ago döör bën." Alueel Ayuël.

# WELEENY KU ATAAN

### Raan De Buɔɔr Cï Thou Ëtën; Nanë Pïïr Ëkee Dë wëër Gërëŋ Mabör

Ee Muɔny Aliap yennëkaa cï lɔ nem Boor në thaa de Jön de Rɔt de Yecu. Go lɔ ku yök raan ëbën kedor Yecu. Na yɔn lee dhuk paan de Aliap ke jal thiëëc në cäthde, ku käke paan Boor. Go lueel ye, "paan Boor apiɔlic, ku ka nɔŋ raandïïtden cï thou. Acï kek yɔkken cï Nuëër ke jɔt ku kɔc ken cï thou puɔ̈l ku yennëka dhiëuë në raan ëbën në baai yic. Nanë pïïr yennë raanë, ee keedë wëër Gërëŋ Mabör!" Go thiëëc ya, "ye raan ye cɔl ŋa?" Go lueel ye, "ka ye cɔl Yecu." Go bɛr thiëëc ya, "ku ye wënde raan cɔl ŋa Boor?" Go dhuk ye, "ka cïï Buɔɔr ye bɛr yeet ëtë thiinë!"[8]

### Yecu Abë Dhil Ya Muɔny Boor

Ëwëtë aalueel raan Aliap ye, "kɔc yeke cɔl Buɔɔr aacie kɔc bïke lëu. Raan cɔl Abel Aliɛɛr Kuaai aayuku piŋ yɔn ke ye Bënydïït thiekic arët paan de *Junub*, ku na yɔn loku kɔɔr cök goku lɔ yök ke yee Mony-Boor. Na ber Gërëŋ Mabör bën ke thäär kennë Arap, ke ber tuɔ̈l ke yee Mony-Boor. Ku na yɔn ber Gërëŋ Anyieth bën ke thäär ke jɔk, ke ber tuɔ̈l ke yee Mony-Boor. Ku

---

[8] Muɔny Aliep aalɔ Boor në thaade Jön de Rɔt de Yecu; thaa yennë ket në diet ke ke guɔ̈m ku thon de Yecu.

në yemɛɛn acuk bɛr piŋ ke nɔŋ raan dë dït arët bë bën ye cɔl Yecu. Ëraan tui ku lee ɣëët, ëka bë dhil ya Mony-Boor."[9]

## Lɔɔc Aacï Jɔ̈k Dhiëëth

Ee raan cɔl Cadöŋ Mël (Cadöŋ-Manyaŋdït) yennëkaa lueel ëwëtë. Wään cïnnë baai riääk go kɔc wɛɛr abë mïth lɔ cieŋ në ɣän kuɔt yiic. Kɔc aake cï thiëi në bëi juëc ke Apirka yiic, ku bëi ke kɔcyer. Në ye ɣänkë yiic, go cieeŋ wääc ke cieeŋ ke Jiëëŋ röth lɔgɔl. Na jal Cadöŋ-Manyaŋdït daai në kärɛc looi mïth ke Jiëëŋ keek. Go piɔ̈u dhiaau arët, jiɛɛm ye, "Na yee wuɔ lɔɔc wuɔ dhiëth jɔ̈k, ku na ye jɔ̈k kek lɔ jɔ̈k dhiëëth, ke baai bë yiëndë? Cï baai bë riääk?"

## Raan Akën Puɔ̈u Adït!

Yɔn cïnnë tɔŋic jal riɛl, go dhaŋ ya cool në dhiëëu në kaam de yïï Juba kennë Boor, ku ye piŋic paan de Aliap. Na ɣɔn në kööl tök ke jɔl Muɔny Aliap thiëëc ye "kanda ayeeŋu kɔr Jɔɔn Gërëŋ yen cool në thɔ̈ɔ̈r?" Go dhuɔ̈k yeen ya ka kɔr baai. Go dhuk ye, "Na yïnë Gërëŋ paan thiin cït Pariak, ku tëmë të thiin de Pam-Anɔk Nyïŋëër, ke cïï lëu bë tɔŋ päl piny?" Go dhuɔ̈k yeen ya ka kɔr Thudän ëbën agut en cï Pap! Go gäi arët ye amagei! Ku jiɛɛm ye, "Yan raan akëc puɔ̈u aadït! Acïï bë bɛr thɔ̈ɔ̈r ke raan tök!"

---

[9] Aye Aliap yök ke Buɔɔr aaye röth kaaŋ në kë jöt nhom ëbën bë ya kek kee loi yeen.

### Baai Acï Thok rek

Në thaa wään cïnnë tɔŋ rɔt päl piny ë määth, ku dɔ̈ɔ̈r aŋoot ke jiɛɛmë thïn, kɔc aacï bën ya lɔ ɣööc në käŋ në ɣän muk jieny de akuma keek. Go käŋ ya bën në biäk de Kartuum abïke bën ya ɣaac paan Boor, ku kaa cïï rɔt ye looi në thɛɛ ɣɔn cï lɔ tueeŋ. Na ɣɔn lɔ Majak D'Agɔɔt baai, në thaa de thiëŋde, go raan töŋ de kɔc baai thiëëc ye, "Kara bëny Majak nyic Gërëŋ ëmɛnë mɛn cïnnë baai thok rek?"[10]

### Buɔɔrkuɔ, Ɣan Ye We Tök Kan Thöl!

Ee wët e lueel Muɔny Aliap në thaa wään thëërë në Arap, ku ka nyic ke ye Muɔny Bor cɔl Jɔɔn Gërëŋ yen ŋär tɔŋ thëërë në Arap. Na ye thaa thiinë ke kanitha go bën ke ŋëër Muɔny Boor cɔl Gërëŋ Anyieth, ke ëyee jam ye kɔc aathäär në jɔk. Go Muɔny Aliap lueel ye, "A Buɔɔrkuɔ, ɣan ye we tök kan thöl! We cï tɔŋ Arap gɔl nyin, ku guɔkë tɔŋ de jɔk gɔl nyin ke we kën tɔŋ de Arap thöl!"

### Yïn Ye Tiit Ëwët Cïn Rɔt Bë Kual

Ëwëtë aalueel Lual Diiŋ Wöl ke leŋ ke Jɔɔn Gërëŋ De Mabiöör në Torit. Lualdït aalɔ Gërëŋ neem paande, go jieny dït arët yök

---

[10]Aajam në Thudän lɔŋ kuum Gërëŋ ku Thudän lɔŋ kuum Baciir. Kɔc ciëŋ në Thudän lɔŋ kuum Gërëŋ aake ye lɔ ɣööc në käŋ Thudän lɔŋ kuum Baciir bïk ke bën ɣaac në Thudän lɔŋ de Gërëŋ!

ke cï *yoc* kööl, jieny tit Gërëŋ. Na wën cï Lualdït päl yöt ke jɔl Gërëŋ thiëëc ye kara nyic kë yennë yï tiit arët? Go Gërëŋ dhuk ye yeeŋö? Go Lualdït lueel ye kacie raan bë yïïn nɔ̈k, ee cïï rɔt bë kual! Nëŋö, ëkë ca wiikë akɔr bë tïŋ të bïn ye thɔ̈l thïn."

### Yeeŋö Yennë Tuɛɛny Thiääk Ëke Aliëk!

Ee bëny töŋ de bäny ke Agar, cɔl Maŋäär Maciëk, yennëkaa cï kë yennë ka*mandaai* käŋ cam maan. Na yɔn në kööl tök ke Jɔɔn Gërëŋ bɔ̈ Rumbeek, ku jɔl jam ke bäny ke baai. Go Maŋäär Maciëk, Gërëŋ thiëëc ye, "Bëny, yeeŋö ëkë thiith ye tääu në *kamandaai* yiëthë?" Go Gërëŋ dhuk ye, "yennëkee tuɛɛny ëkan!" Go dhuk ye, "akeeŋu yennë tuɛɛny thiääk ëka liëk!" Aayee yök ke cïï bäny ke jiec kuɔ̈c deet. Ayekë tïŋ ke tëëu cïnnë tuɛɛnyden tääu në ke yiëth anyooth cäm de käŋ!

### Yeeŋö Yennë Tuɛɛny Thiääk Ëke Yäc!

Ëwëtë aalueel *kamanda* Majak D'Agɔɔt,[11] lëk bëny de Agar, Maŋäär Maciëk, yɔn yen jam ye cï tuɛɛny de *kamandaai* thiääk ëka liëk. Aacïï Majak lɔ neem tëdeen yen luk thïn, go yök ke cien alämma deen dhiɛ ye gäk në kɔc kööth abï lɔ tëëk në yäc köu. Go Majak thiëëc ye, "Maŋäärdït yeeŋö yennë alanhduɔ̈n de

---

[11] Majak D'Agɔɔt aye raan töŋ de bäny yɔn ŋär tɔŋ; e raan töŋ de Kamandaai yɔn ye tɔŋ guiir.

tuɛɛny tëëk në yäc köu? Cï ŋuän a tuɛɛnydɛn cï thiääk ëka liëk! Nëŋö, tuɛɛnyduɔ̈n acï thiääk ëke yäc."

## Kuɔ̈c tëk Aye Mïïth Kɔc Dak

Yɔn, anɔŋ thɛɛ ëke cïnnë pïïr de jieny de SPLA yic riɛr arët, në biäk de cäm. Na ɣɔn cï bäny mac jiec nhïïm mum në të bïke luɔ̈i jiec. Gokë kenhïïm tak bïkë jam kennë *tajiir* ëke ye lɔ thuuk bïk ɣɔ̈k ken lɔ ɣaac. Aake thiëc kë keek lan nɔŋ yen të bï kek jiec ya juëër. Go *tajiir* dhuk nhom në akököl de jö. Luelkë yïï jö aajam ɣɔn ke gäk mɛɛnh de raan tɔ̈ wun de ɣɔ̈k ye, na ye ɣɛn ëye mïïth tɔ̈ wut tek, ëke dë yekë kɔc lëu. Nëŋö wut anɔŋic yïï: lap, ku biöök, ku kä juëc kɔ̈k; ku kaa yee mɛɛnhde raan ke rɛɛc ku lee kör në kɔ̈k. "Yennëkee tän duɔ̈n we akumada. Anɔŋ mïïth juëc tɔ̈ kennë week, ku ka kuɔ̈c kë keek. Na yïnë ke wuɔ ëmɛnë, wuɔ kɔc baai, buk ke tek ëkaa lëu kɔc!"

## Yïï Thar Ber *Lɔrip* Cïï Jal Ya *Akit*

Në thaa wään gɔlë SPLA, bäny ke jiec aake nhiar *muyëmat* (kä yiëëc cït yïï rok, cuäny, ku kɔ̈k yïn ya). Na ɣɔn ne kööltök, ke arip tëk rïŋ jiec agut cï *muyëmat!* Na jɔl bäny de ye jienyë tïït ku cïn *muyëmat* tul. Ke jɔl arip cɔl bë thiëc të tɔ̈në *muyëmat* thïn. Go lueel ye, "kaa cake tëk jiec!" Go bëny thiëëc ye yeeŋö yïn ke tëk jiec ku ka nyic keke ye keek thäl bäny? Go arip dhuk ye kee cierekiya (thöŋdenhom). Go bëny piɔu riääk në ye wëtë ku thiëec arip ye, "Ye *ruthbadu* ŋö?" Go dhuk ye "Yɛn ye arip". Go bëny lueel ye, "Yee thar bɛr lɔrip cï jal ya akit" (luɛɛl de, ee na nɔŋ kë cɔl cierekiya ke raan ëbën ee dë cieŋ dubuur thöŋ ke käke Jɔɔn Gërëŋ).

**Yakë Thäär Bɛr Lɔyak Cakë Thäär Jal Lɔköm!**
Ëwëtë aalueel bëny töŋ de bäny Boor, cɔl Päc Aɣok, tɔɔn yen ɣööt ke döm ke SPLA. Päc aacï këëk ke Kuɔl Manyaŋ, go Kuɔl mac. Ku ɣööt ke döm aake ye keek thiöök thook në kou. Wën leerë yeen ɣöŋ de döm ku jal thiöök thok ëyak. Go cuit ku jiɛɛm ye, "yakë thäär bɛr lɔyak cakë thäär jal lɔköm, na wën yakë lueel wuɔ̈ɔ̈ yakë akuma!" Yeen ajam në bap, na yee ɣöŋ de döm de akuma aŋö yennë ye bɛr looi në kou ku cïï jal ya tuup nëŋö ɣööt juëc ke döm ke SPLA aake yeke looi në kou!

Ëwëtë acïï Kuɔl Manyaŋ bën muk në yenhom. Na ɣɔn lɔ Madiŋ Boor dɔm, go Kuɔl Pac Aɣok tuɔ̈c ku bɔ̈ ku cɔk tëëuë ɣön de döm nɔŋ thok bap, ke cïï bɛr ya ɣön de kou. Na ɣɔn jal bap thiöök ëköm, go lueel ye ɣandë kë wäär ya lueel ëka! Ee weei yennëkee wɛɛi ɣen week aguɔkë Madiŋ dɔm.

**Wun Alälaai Yenëka Thiekic**
Në thaa ɣɔn cïï tɔŋ yic riɛɛr arët, ke jieny ë SPLA ee tɔ̈ në Madiŋ Boor cök ke tiit Arep nhom thïn, na ɣɔn në kööltök ke SPLA riɛɛl wut ɣɔn miäkduur ke piny colthok, gokë wut yök ke dëërë, go jiec rem wut yɔ̈ɔ̈k bïkkë mëi ku tönyken lɔ ɣääc, gokë

Gum-Ëlik 64

teer arët yee röthi lueel yïï we cï wuɔ yök ke wuɔ kuëth, gokë röth cuɔ̈k piŋ ku bëny de baai ye cɔl Päc Ayok acï riel wut në duduuric ku yök jiec ke cï wut gööl, goke thiëëc ye, "Yeeŋö loirɔt? go jal juiëër een, go bäny wut yɔ̈ɔ̈k ye, 'Mïth, kë bï ye yic waar aye tïŋ.' Pälkë wut de ɣɔ̈k ku Kuathkë wunde alälaai, lueɛlde ee bïkë kä ke jiec lɔ jɔt ku pälkë kuëëth.

## Mapi Jiec Bënik Jiec!

Ëkënnë ee wët e lueel Mayɔm Deŋ Ayɔɔm ke jiëëm jienyde në Itaŋ. Mayɔm acï tääu ke muk *raatha* (të yennë bäny rëër) de Jɔɔn Gërëŋ, ku jieɛ ëke tɔ̈ në *raatha* yic aake nɔŋ yiic nyïïr. Ëtëën nyïïr kɔ̈k në ke yiic aake cï keek liaac në lathkëër rëër kennë keek. Go Mayɔm amatdït jal cɔɔl ku jieɛm ye, "ye ëlan ë lar ɣen në jiecic *yana ma ligit jiec bë nik jiec!*" Acïn jieny ye jienyë liaac, yennëkee lueel Mayɔm.

## Gërëŋ Akäny Në Dabeɛp

Ëkäk aaye wël ke wätthii ëke cï miääu *dheen*. Na ɣɔn kënkë wëu bëi në thaa ëcïkë lueel, go tiŋ de miääu ke jɔɔk në kɔ̈ny. Na ɣɔn cïï tik ke jal cut gup, go raan tɔ̈ŋ de kek piɔ̈u riääk ku yöök tiŋ de mɔ̈u ye, "kara yeeŋö ëkë cïn wuɔ kueth në ye wëu diëëŋ ke miäuë! Kënë piŋ ke Jɔɔn Gërëŋ ŋoot ke käny në *dabeɛp?*

### Ye jɔk Yen Mutku Nhom!

Ëwëtë aalueel Bëny de *Junup* Thudän, Kiir Mayäärdït, ke cï piöu dak ɣon liëëpë jieny de SPLA kennë *maliciaai*. Kɔc ke *maliciaai* cieŋ kuel aacï bën ya lut; ee ciët ke cï thöl ku ber thoŋ de kɔc jöt bën. Na ɣon në kööltök ke Kiir jal yenhom jääm ye kara, "Cï bën ya jɔk yen mutku nhom?" Muɔ̈t de jɔk nhom ee kääŋ de Jiëëŋ. Aluel ya ye akölköl de yï jɔk ke raan. Anɔŋ raan ëyök jɔk rokic ke cï nhom yööt, go lueel ye yïn ba muut nhom, go jɔk gam. Na wën lee ye gɔl në muɔ̈t de nhom go cuɔ̈k thöl. Aye muut ku go cil ke kën ɣet në biäk dëtë, agut ben ye waan ke yïn ya. Luɛɛlde, ee kë ye looi abï ciët ke cï thök ku ber tuɔ̈l.

### Duɔ̈kkë Jak keerou Ye Door

Ëwëtë alueel Yäcbicep Daniel Deŋ Bul ke cï piöu riääk ënɔŋ Krïthänooi ëke ye bɛr lɔ ëke lam jak thɛɛr ke kuarken. Anɔŋ lɔ̈ŋ ëcï guëër arët, ku Yäcbicep arëër thïn ëya. Na wën lɔ kɔc gäm jam, go kɔc keerou ye krïthänooi jam ëke ye jak thɛɛrken cɔɔl! Na wën lɔ Yäcbicep cɔɔl bë jam go lueel, "Ye we ŋoot ke we ye jak thɛɛr ke kuɛɛtkuɔ̈n cɔɔl ku we ye Krïthanooi! Kööl bïnë yï Nhialic ke jɔk röm në we yiic yennëka bïï we rëëcde tïŋ!" Duɔ̈kkë jak keerou ye door jɔŋrac, ku Nhialic!

### Ye Tap De Bëny Bakuur!

Ëwëtë ee lueel raan ëke rëër juɔu kennë mäthke ku raan töŋ nɔŋ käŋ arëër kennë keek. Të wën rëër kek, ke raan wën nɔŋ käŋ aamath tap ku cïn raan jam! Na wën lɔ raan töŋ cie bëny tapde took, go raan töŋ de ye kɔc wën jam ye jalë ya! Yïn näk kɔc në tol de tap! "Go dhuk ye, "ku na wën math bëny tap në we yiic ëtënë ku cäkë jam! Ka ye tap de bëny ye *bakuur?"*

**Yeeŋa Ëluele Yeye Marääm Thiööl në Thoŋ de Jurcol**
Ëwëtë alueel Mamed Wöl ke ke thäär në biäk de Bärgadhal. Yɔn në kööltök ke Muɔny Jurcol bɔ̈ ënɔŋ Ajoŋa Mawut, mɛn ye bëny ë muk jiec ëtëën. Muɔny Jurcol abï thoŋ de bën de Marääm bën thiäl bëny. Go jal guɔ jam kennë Ajoŋa në thoŋ de Jurcol, nëkë yeke mïth ke paan tök. Go Mamed Wöl wët cɔl Marääm pieŋwei, nëkë kuc yen thoŋ de Jurcol. Go Ajoŋa thiëëc në kë loirɔt. Go Ajoŋa guiëër yen në thoŋ ye piŋ. Go Mamed Wöl Ajoŋa thiëëc ye, "Ku yeeŋa ë lëk ye yïïn lan yennë wët de Marääm lueel në thoŋ de Jurcol?"

**Yeeŋö Ëyöŋë Ya!**
Ee raan cɔl Col Biöwei Deŋ yennëkaa cï dit nhiaar, din de raan cɔl Manyiëël Malek Manyiëël (Lönh-Acol). Col apiŋ din de Manyiëël ke kët në *mathijilic* go lueel ye, "Ëdinë aca yɔɔc. Kë yɔn yöŋë ɣɛɛn në SPLA yic, abë ɣɛɛn ya mac ku lony ɣɛɛn të cïn luk, cï bën jal thiööl ke yeŋö." Dit ee jam ye, "… kë yɔn yɔŋë ɣa cï bën jal thiööl athën ke yeeŋö!"

## Wuɔ Cë Möu Pälwei Yɔn

Ëwëtë aalueel raan ke gäk yepiɔ̈u nëkëë cïï tiŋ de möu luɔ̈i keek kennë mëthë. Aake cï lɔ dek në möu, na wën lɔ wëuken thök, gokë them bïk dhëën. Go tiŋ de möu jai. Go kë jääl ëke cïï piɔ̈ɔ̈th mit. Na wën cïk ɣet tëmec, ke raan töŋ de kek jal mëthë yöök ye, "Mäth të cïï wuɔ möu pälwei e thaa ɣɔn yennë ye ɣɔɔc në *giricieen*! Na ye ëthaa ɣɔnë ëkedë kën wëukuɔɔn wën mukku keek dak."

## Bëny Nɔŋ Thok Gëër Aliu

Ëwëtë aalueel Diiŋ Akɔ̈l (Diiŋ-Malääk) ke jam kennë bäny ke payiɛɛm, ɣɔn yen Mapänh de Twïc East. Bäny aake ye jam piiny ya bëny acam käŋ. Na ɣɔn ke jal bäny cɔɔl ku lueel ye, "Aya piŋ ke ye lueel ya cam käŋ. Kara bakë yök tëno yen bäny nɔŋ thok gëër; cïï käŋ bë ya cam?"

## Kɔcdït Aaye *Thäm* Ë Cäm Mac Cï Adheek!

Kɔc cɔl Aliap aaye jam arët në wël yennë kɔc ke dɔl. Aaye wët lueel cït ke kuckë ku wëtden aye bën lɔ yök ke thiekic të tëëu ë raan ye piɔ̈u piny ku bë deet.

Ëwëtë aluɛɛl raan de Aliap ëcï lɔ rɔɔk (geeu) go kɔc yök ëke cï *thäp* mac, *thäm* de cäm ku ye ŋek aduŋde muk thok ben lööm në cäm. Go Muɔny Aliap jal gäi në kë cïnnë kɔc dït bɛr ya cam cï dhäk. Na ɣɔn lee dhuk paan de Aliap ke jal thiëëc në cäth de, ku kä ke paande aciëëk. Go lueel ye, "käpɔth aatɔ̈ paan aciëëk, ku ka naŋ kë cïk bεεn jɔɔk. kɔcdït aaye *thäm* ë cäm mac cï dhäk."

**Yomläät Acï Athiɔ̈k Apei**
Ee Muɔny Aliap yennë ka luel ye wëtë ye, "We Buɔɔr we ka thiɔ̈k ëke Nhialic, yen lëkë Nhialic bë nïn juak. Yomläät acï bεr thiɔ̈k apei."

**Kɔc Aabï Ke Puɔ̈th Gɔ̈k të cïï Nhialic lɔ Bën**
Ëwëtë a lueel Muɔny Aliap. Yɔn cïnnë wët de Nhiälic bën paan de Muɔnyjäŋ, go abuun kɔc ya yɔ̈ɔ̈k bë kä juëc puöl, kä ëke yee Jiëëŋ ke looi thεεr. Kä juëc ke kek aake yee Jiëëŋ ke nhiaar në pïïrdenic. Na yɔn në kööltök ke Muɔny Aliap jal jam ye, "ye kä pɔth cïke pälwei ëtënë, nëŋö, aacïï wët de Nhialic ke jäi. Na cïï Nhialic lɔ bën miäk, cï të ye lëk en, ke kɔc aabï ke puɔ̈ɔ̈th gɔ̈k."

**Yeeŋö Cï Abuun Yök Në Luɔ̈k Piiny ku cïkë Luŋ Paannhial Tit.**
Ëwëtë aalueel Moulana Kon Biöör-Bar ke jam ke raandët. Ekëde luŋ Ayuääl ke Dacueek yennëkaa lueel yen ye wëtë. Anɔŋ abuun ëke cï jam yïï cïkë nyuɔ̈th bë luk cuɔ̈k loi, ku bë ya döör yen loi në kaam de yïï Ayuääl ke Dacueek. Go Kon Biöör ye wëtë lueel tɔɔn yen abuun ye, "yeeŋö cï abuun yök në luɔ̈k piiny, ku cïkë luŋ pannhial tit; ee luŋ paannhial dhie yennëka yïkë lëk kɔc, ku ë luɔ̈k piinykë aanɔŋ wärken ŋic (nyic) keek."

### Kɔckuɔ Gamkë Din De Ŋuëët

Ŋuëët aluel ya ye raan ë cï lɔ nem pathuɔ̈ɔ̈ude. Go lɔ ku yök kɔc ëke dëk në mɔ̈u juɔu (*randaiya* cök). Go miɔɔc në mɔ̈u ke cï wëël në kë cien lëu bë dek ëtök ke thuɔ̈uke. Na wën lee miɔ̈l, go diɛt jɔɔk në kiit ye tök! Go thuɔ̈u ke gup riɔ̈ɔ̈c në të bïkë gäm dietke. Na wën cïï pälic, go raan tök lueel ye, "kɔc kuɔ gamkë din de Ŋuëët."

### Dhöl Lɔ Nhial Acïï Tɔ̈ Në Junub Thudän

Ëwëtë aalueel Lual Diiŋ Wöl, ke jam kennë Areep cï keek dɔm në tɔŋic. Miirï de Thudän aye jieny de dhoom ku yïn ke muktëër të ler kek tɔŋ, ku yöök keek ye na lɔ thou ke yïn thäär në këde baai ke yïn bë lɔ nhial, ku yöndu aba lɔ yök ke cï juiir paannhial. Ëkënnë yennëka cïnnë Lualdït apuruuk cï keek dɔm në tɔŋic ëke muk muktëër bën yöök ye, "Na nannë dhöl lɔ nhial tɔ̈ në Junub Thudän edë cakë wuɔ yök ke wuɔ cï jäl thɛɛr.

### Miök Abuk Lök Wec Në Atalaai

Ëwëtë aalueel raan cɔl Buɔl Athööt ke cï piɔ̈u riääk ënɔŋ akut ye miök wec cɔl "White Nile." Buɔl aalui kennë keek. Na yɔŋ ke loi awäc, go cop. Na wën alëkë cumde, go raan war ye thok yöök bë lëk kɔc yer ye, "Na bakë kɔc bën ya yɔŋ paanden ke we dhuɔ̈kë paanduɔ̈n wennë makänaai kuɔ̈n, na ye wët de miök piiny ke wankë, aŋuän buk yaa lök wec në *atalaai ka* pur."

**Jiëëŋ Acie Cam**
Ëwëtë aalueel Deŋ Deŋ Akɔ̈ɔ̈n ke jam kennë kɔcdïtke Muɔnyjäŋ. Deŋ aalui ke Riëk Macäär, ku kɔcdïtke Jiëëŋ ake jam bë Jiëëŋ yeyic mat. Na γɔn në kööltök ëke lɔ ënɔŋ Deŋ bïk lɔ jam kennë yeen. Go Deŋ lueel ye, "Ye jiëëŋ cam?" Kënkë tïŋ ëtë thiin rëër γen thïnë yennëka nɔŋic këdiëën ya cam. Ku ëmen ye we jam wuɔ ba rɔt mät Jiëëŋ yeeŋö ba lɔ cam thïn? Cakë γa rëër ëtëdiëënë.

**Geɛu Acïï Baai Bë Dööt**
Ëkän ee wët ë lueel Lual Diiŋ Wöl tɔɔn yen kuëny de raan ëcï tääu ke ye Gabana de paanden.
Ku ke raan ë dhëlguöp. Go lueel ye wuɔ cï wët ye cɔl "*take town to the people*" kuɔ̈c piŋ
(bë *madina* yiën kɔc baai)! Kɔc lëu bïkë "*town*" tiit piiny të tuui keka cuk ke bɛr ya kuany
bïkë *town* yäth baai. "*Town* acïï baai bë dööt!"

Weleeny ku ataan 71

# DIƐT

**Kɔr Akec!**

Ëkän aye din ë ciek raan cɔl Awaŋ Alääk Awaŋ në thaa yɔn yɔɔtë wei. Yɔn jiëlë rem wut, aye lueel ya kɔc aa lɔ Bilpäm bïï dhëŋ lɔ bëi bïnnë ke bën thöör në Bëër. Go raan ëbën ye rɔt yök ke rir rɔt ya jɔt bï lɔ kör në dhaŋ. Go nyïïr kɔc ëke cï döŋ wut lɔ̈k dhöl gup, yïkkë keek cɔl ye maduɛɛi de mäny de yɔ̈k; kɔc tiit wut agut bë röör lɔ dhuk ciëën të de köör de dhëŋ. Ku Awaŋ aye raan töŋ de kɔc kën lɔ Bilpääm. Aye mɛnh de thukul aka nyic ke cïn dhëŋ dïcë keek; kɔc aalɔ thöör në akuma de Thudän! Go ye dindeenë jal cak ben nyïïr jääm ye, "Yïn nyaan ye röör rɛɛc, kɔr Akec; Larap anɔŋ piɔ̈u kɔc (anɔŋ piɔ̈u näŋ de kɔc). Ee pawɛɛr cïnnë dal!"

**Baai Aca Päl Aŋuëënë Thou!**

Ëdinë aciɛk mïth ke Panaru yɔn tö në Kɔryɔmic:

Jɔɔn Gërëŋ, Dr Gërëŋ, aciek ye nhom roor në yäric- yäric ee acït ke cï mam. Akɔr paanda-akɔr paanda, adïna thëlää baai beletna acää dë puɔ̈l adë ŋuëën ë thuɔɔu. Arpa thëlää, baai beletna aca dë puɔ̈l adë ŋuëën ë thuɔu. SPLA dɔm baai në riɛl, dɔm baai në riɛl arpa thëlää munuk cäkäl, acït piɔ̈u jiec yiɛn kɔr paanda. Tiɔmdɛɛn de Junub paanda acï thiäŋ në këriëëc ëbën, yen akɔɔr Arab. Aca dë gam; jieny de Junub yen akääc në medänic akɔr paande, baai beletna, baai beletna.

### Gërëŋ De Mabiöör Yen Acuk Guaŋ Nhom
Ëdinë aciɛk Jiec Amer de Pinyudo:
Nathir acuk dɔm bë Thaadik (Thaadik el Määdï) lɔ yiëëk-yiëëk në thööc nhom, baai awïc wun. Gërëŋ Mabiöör yen acuk guaŋ nhom paandan ë Thudän. Thaadik duönnë ber lɔ yiëëk-yiëëk në thööc nhom. Bëny Thaadik lɔr baai pandun x2, lɔr kum Jïdhïir el Arab. Baai paanda yen awïc Dïktor. Bënyda ka cït aköl; Jɔɔn Gërëŋ yen acït aköl ku ciëër ku pɛɛi ku kuel tö nhial. Jɔɔn Gërëŋ kaat de tariir.

### Yakë Ber lɔ Mayei! Mayei! Cäk Cath We Mathaluuk Ke Buɔɔr
Yɔn yɔɔtë wei Boor në run de 1983, aaye kɔc juëc ke Aliap lueel yeye tɔŋ de yïï Arap kennë Boor. Aakuckë lan yen tɔŋ de baai ëbën. Na yɔn acï kɔc lɔ Boŋga, Ethiopia, të yennë jiec piɔ̈ɔ̈c thïn, go diɛt ya cak bïnnë ke *moral* (yai) looi bïnnë röth ya wɛɛi. Diɛt aake ye jam në ka juëc ke riääk de piöu, ku kä yennë kɔc ke pïɔ̈ɔ̈th riit ëya. Go keek ya ket në radio de SPLA yic bï kɔc mec keek ya piŋ. Etënë acïnnë Muɔny Aliap din tök kueeth. Ee din ë ciɛk Muɔny Bärgadhal cɔl Magiir, nyooth yen riääkdeen de piöu ënɔŋ Arem kum Thudän. Dit ee jam ye,

"Madirdɛɛn (Madiriya) de Wau 3x, Madirdɛɛn de Wau Madirdɛɛn de Malakal, Wandït ku Juba. Lueel baai kadë kënne pëlë baai buk nhïim ciën ke yennë wuɔ cɔɔl! Maɣeei, maɣeei, maɣeei!"

Go Muɔny Aliap lueel ye, "Yakë bɛr lɔ maɣei, maɣei, ku yeeŋö ëlak göör (kɔɔr) në Mathaluuk ke Buɔɔr cök!"

### Pälku Tiɛɛl Yennëka Bïï Wuɔ Baai Dɔm
Ëwëlkë aaye biäk de ye din tö tueeŋ kënnë. Magiir acak dit ke yee raan de jieny cɔl Muɔrmuɔɔr. Yöök kɔc në kä lëu bïk baai pën bënbei; aajam ye na mat kɔc ke yiic ke baai acïn ke pën een. Ku na cïï tiɛɛl pëlë piny, ke baai Thudän acïï lëu bë köɔc; "...acïï kɔn dɔm yen baai Thudän të cen ye tiɛɛl yen pälku piny, ku jalku wël mat bïk ya tök."

### Adëŋ ku Yïn Ya thoŋ ë Guɛl!
Ëkän ee wët ëlueel Muɔny Aliap në ditic, në thaa wään cïnnë tɔŋ jal cieŋ ke cïï dɔc thök. Go dit cak din ye jam ye, "kë yïn ɣen thoŋdiëën de guɛl; thoŋ aciɛɛk, ban wët de Gërëŋ lɔ deet apɔth eeei; ɣan yen jam ëkadï ëka Arap cïnnë baai lɔliŋliŋ në riääkic?"

Ee raan ë cïï kë de baai liääp nhom; paan ye cool ke luel ku cïï bɔ̈bei. Go piɔ̈u jal dhiaau në kën piöcde ben kë ye Gërëŋ lueel kennë Arap piŋ! Kë cïï tɔŋ ye cɔk kääc!

## Acie Run Bïnnë Dɔl Aba Lec Yɛɛr

Ëkënnë ee din ëciɛk Atëm Agɔɔt-Malaaŋ në thaa wään de riääk jiɛɛm, ye ka cïn raan lëu bï raandë dɔl në kärɛc cï ye yök në ye runnë. Nëŋö, raan ëbën akääc në kärɛcke nhïïm. Dit ee jam yelë: ... aduŋdiëën de yäc atö ke Nhial Abuk ban pïïr. Acie run bïnnë dɔl ba lec ɣɛɛr; duɔ̈nnë dal ba lec ɣɛɛr duɔ̈nnë dal ba lec ɣɛɛr, ayennë ŋɛk kä ke lɔ waan në manyde thok; ku acie run bïn dɔl ba lec ɣɛɛr.

## Matiɔp ë Gërëŋ Ku Mawut

Matiɔp ku Mawut aaye rinkuɔ̈m ëke cï nyïïr Boor ke yiën röthii në thaa wään de tɔŋ. Yɔn lenë rem dhuk në Ethopia ke ye jiec, gokë ya cieŋ në ɣän ke jiec ku yïkkë lɔ nëm në bëiken yiic. Në thaa thiin koor, ke tɔɔŋ jal röth guɔ jɔɔk në kaam de yïï jienyde akuma kennë jienyde SPLA. Go kɔc juëc ke kek nɔ̈k. Go nyïïr ya riɔ̈ɔc në keek. Nyïïr aake ye riɔ̈ɔc cït ke na bï muɔnyjiec yï thiaak ke cït ke bï guo lɔ nɔ̈k në thaa cïï mec. Go nyïïr ŋuɔ̈ɔn bïkë ya gɔ̈k në röthii rëër wut ka baai. Ëthaa kënnë, yennëka cïnnë nyïïr rinkuɔ̈m bën cak: Na ye raan thiin rëër wut ka baai, ke yïn ye cɔl Mawut, ku na yee muɔnyjiec ke yïn ye cɔl Matiɔp ë Gërëŋ. Na bï raanthi bën kɔ̈ɔc në baai thok ke nya ee meth tooc bï lɔ tïŋ lan yen Matiɔp ka yee Mawut. Na yee Matiɔp ëka lëkë yen ya nya aliu, ku na ye Mawut ëka nyuucë, ku bï nya jal bën bë bën jam kennë yeen. Ëkënnë acïnnë Muɔny Boor dit bën cak jiɛɛm:

Dhol de Bilpam ee wuɔ këëk eei. Yïthiopia ëkee wuɔ jal këëk wuɔ nyïïr ke biëm, tɔŋ de mapiɛɛn can weŋ nɔ̈k, acuk ayic Ajak Aliɛɛr wälën, jäl kɔ̈ɔ̈c në baai thok paan ë Diëër ku caal nyaan de bïm, ke nya ee ɣa yɔ̈ɔ̈k yelë, "Yee lueel wudë Matiɔm ë Gërëŋ", acam biaar ɣa. Ku na lɔ cieŋ de baai tuɔ̈l miäk, köl bennë tiŋ de SPLA thiaak abï ɣɔ̈c alälade, ku ɣöië joorthe, ku leer thuuk në riäi, ku ka cieŋ amära de. Bai akëëk wuɔ, Nhialic wää cɔk wuɔ cɔk dɔm paanda.

**Acïn Raan Bë Kääŋ Thɔ̈ɔ̈th Ke Piɛth Në Run De Anya-Nya!**
Ëdinë aaciɛk raan cïnnë miɔɔrdeen de dhëëŋ cuet në kɔc ke SPLA. Yɔn rëërë SPLA paan Boor, anɔŋ kɔc ke SPLA ëke cï röth luɔny piny bïk miöör ke kɔc ya cuet. Na ɣɔn ëke jal miɔɔr pieth de dhuëëŋ de raan cɔl Deŋ Mïï Gërëŋ (Deŋ-Awuur) cuet. Go Makuel ye din deen de dhiëëŋ de piɔuë jal cak.

Wuɔ cieŋ roor wuɔ Majöŋdië ɣɔn dɔmëke, buk ruu ë cäth bë tuŋkuɔ dön në ruɔk yiic? x2 Acie yic aabuk ke dhiɛɛl në jɔŋda nhom, yïn cïï dun anëi gɔɔt jɔl lɔ Makuur, ee cïn jɔŋë cï yï tak tiëtda ee tɔ̈ baai ku ka kën jam ye kɔɔr majök aka kën arök metic, akumada cie diɛɛr në biöi cïke ruɔ̈p nhïïm, run cï bën ëtëën ee run ë majöök eeei bïnë ke cuet në taaŋ thook, yïn cää wak majök ee run ëdiäär jɔɔk eei, liu de makuur acït liu de maŋöör në yuïtic ee tem rör, jɔŋ näk Maajök ke kën dhëŋ, Mariɛɛlkuɔ aa lɔc arët yɔn kënnëke cuet Anya-nya, yɛn jɔl pol në majöŋdië wunë gal të can lɔ lim në tɔɔp thïn, acïn raan bë kääŋ thööth ke pieth në run anya-nyaai, tɔŋ aanyanya anɔŋ aliäp në Makuur, Run de Bilpäm anɔŋ anëi në miöör yiic.

**Lɛɛrkë Löth Ëya Ke Miɔɔr Bakë Lɔ Reem**
Ëdinë aaciɛk raan ye cɔl Maröl (Maröldït) Gërëŋ Deŋ Kööc, yɔn cïnnë jiec miɔɔr de cuet. Ee miɔɔrdeen ë cien dhuëŋ arët akaa yee köc löth. Na yɔn ke jiec dɔm muɔɔrde në riɛl ku cuet. Go ye wëtdeenë lueel jiɛɛm ye, "Yeeŋö cï we lönh de miɔɔr jɔl luath ke yeen bakë kɔn lɔ reem në miɔɔr yeth, ku bakë miɔɔr jal cuet." Ku jɔl ye dinnë cak ye,

"...piny cï riääk kɔc aacuet muɔr ë yum de löth, török dɛɛr. Ŋö cïn ye leer, ba löth reem në ye yeth."

**Köör-Mayuääl**
Ëdinë aluel ya eciɛk wët ke Kɔryɔm në rör de wët ke 105 ëke tɔ̈ kennë keek ëke ye bäny ke Kɔryɔm Boor.

Köör-Mayuääl wuɔ kaa cï kä ke jäŋ cam wuɔ wënde ŋadi, butë luaar yɔn waköu. Ater ë baai arac ayennë Maköör jam ye cakë ya cam jienydië oou! Köör-Mayuääl wuɔk kaa cï kä ke jäŋ cam.

Diet

## SPLA Ke Cuën De Thök

Ëkënnë ee din ëciɛk raan de Kɔryɔm në thaa yɔn yennë jiec thök cuet. Yɔn ŋootë Kuɔl Manyaŋ ke kën lööŋ ril yiic tääu piny bïnnë ke jiec ya dɔk paan Boor. Anɔŋ jiɛc juëc ëke cï röth luɔny piny bïk thök ke kɔc kök ya cuet të cïn löŋ. Në ye thaa yɔnnë, kɔc aacï baai jiec bën maan guɔ̈p, yïkkë jam yïï, "SPLA Ke Cuën De Thök." Dit ee jam ye,

"Wuɔ cï naŋ pɛɛi ke wuɔ kënnë thök akuur yök…Këdɛɛn acie cuet në thök buɔɔth, ayaa tiiŋ akuur amääl; cuïndië atuak në yuiɛɛr nyin. Yɔ̈l amääl adik ke cuïn ë kuɔɔt arac."

## Kɔc Aruääi Ku Ŋek Paande

Ëwëtë aalueel raan në ditic jiëëm yen kɔc bë ŋek paande cuɔ̈k ye waan ku bë lɔ cieŋ paan de raandë, të cɔk yen ya paan de mɛnhkuui ëka cie këdu. Ku na cï paandu cak rëëc ke yïn rëërë thïn, ku yïn bë jal ya kony. Dit aye lɔ yelë:

Kɔc aa ruääi ku rëër ŋek paande, ku rëër ŋek paande. Kɔc ruääi … Na cï paandu rëëc ke yee lueel wu ba nyääŋ ŋa; na cï paandu naŋ riääk ke ye lueel wu ba wën ŋa? Yɛn mɛn ɣɛn ye ajak; Junub aye ajak, timdïït tɔ̈ roor kennë noon tɔ̈ roor nɔŋkë ŋɔ̈ɔ̈ŋ de guɔ̈p nɛn? Bendhïn tɔ̈ piiny kennë janh tɔ̈ piiny nɔŋ kë ŋɔ̈ɔ̈ŋ de guɔ̈p nɛn? Ajïth acä lueel kekë thök, ku ländɛɛn cɔl weŋ …!

## Na Puɔu Ye Tök Ke Yok Adë Kën Këëk Në Yom nhïïm Cï Jɔ̈k.

Ëdinë aaciɛk Akut ë Kuëi (Akutnhom de Kuëi) në thaa wään de tɔŋ, jiëëny kek kɔc ɣɔn ye Jiëëŋ yɔŋ, ku jiëëmkë Jiëëŋ bïk piɔ̈ɔ̈th yatök:

Jiëëŋ amɛɛn wuɔ̈ɔ̈t ku acïk lëu, Muɔnyjäŋ amɛɛn baai ku acïk lëu x2, kë cï wäär Junub daan de Thudän. Tiŋ duɔɔl Aprika ka loi në rot ku ka cɔl Junub dëlden ee tök, ku Nuëër ë Nyantooc ka loi në rot ku ka cɔl Junub dëlden ee tök. Ku Door keke thän ë Nuba kaa loi në röt ku ka cɔl Junub dëlden ee tök. Culuuk aaye cɔl Junub dëlden ee tök. Ku puɔ̈u, puɔ̈u acie tök; naŋë puɔ̈u ye tök ke ɣok adë kën këëk në yom nhïïm cït men de jɔ̈k. Ke ɣok adë kën këëk në yom nhïïm ku pälku raan, raan cï riŋ cuet. Butbut ë cinduɔ̈n ye we ke riäŋ ë Muɔnyjäŋ bot, aŋuëën lan nin raan ke cɔk. Raan näk Muɔnyjäŋ, acït raan näk këpiiny (këroor). Këpiiny aye nɔ̈k ë ŋanyŋany, na cak thou ëka ŋoot ke cïï raan gɔt në ye cin; aberë yuiëc tim, ku benë ye kät roor ...

## Acï Thök Ë Luïth, Yen Paan Cak Luith; Bïï Ŋek Ya Luith Ku Luith Ŋek.

Ëdinë aaciɛk Akut ë Kuëi lëk kɔc ɣɔn ye baai duɔ̈r ɣaac wei në wët de miëth:

Cï thök ë luïth eei, cï thök ë luïth, yen paan cak luith bï ŋek ya luith ku luith ŋek. Acï thök ë luïth abïï ŋek ya jäl ke riŋ ayiëŋ. Junub acï thök në thïm thiin ye ŋoot, bïï ŋek ya ŋoot në paldeen cï mothëmoth. Cuɛtkë, ku duɔ̈kë yuɔɔm jak abäk kac thok. Duɔ̈kë yuɔɔm jak abäk kac thok dhiëëth arëër, dhiëëth arëër në yuɔɔmic wek arär. Cuɛtkë, ku duɔ̈kë yuɔɔm jak abäk kac thok. Duɔ̈kë yuɔɔm jak abäk kac thok dhiëëth arëër, dhiëëth arëër në yuɔɔmic wek arär.

### Kɔc Aacam Panden Në Thään, Ëke Kääc Nhial

Ëdinë aaciɛk raan cɔl Ajääŋ Kuir Maläŋ, lëët yen kɔc ɣɔn ye keek ɣɔɔc në Akuma de Thudän bïk tɔŋ thär ya gaatic:

Kɔc adɔl Jiëëŋ ke Jiëëŋ cï keɛk në timnhom, tim yep; cie Muɔnyjäŋ abï rɔt waar në yenhde acie jɔ̈ɔny, ku ka cie piŋ ëwët; akuc raandë në tiɔpnhom. Raan aloop, duɔ̈nnë ber loop, baai abɔ̈ biyiic: Raan atuum duɔ̈nnë ber loop baai kï bɔ̈ biyiicë, ku ɣen kën nhom määr ëwët lueel awä, muɔ̈nyjäŋ, ye "mïthcïe, tiɔp aka tueŋ ku kä juëckuɔ̈ɔ̈n ke guɔ̈pdu ciëën." Junuub we col ëdël ku thith piɔ̈ɔ̈th; kɔc aa cam paanden ë thään ëke kääcnhial, ku yäc aduŋ ë Nhialic ye röi ku bï kueth miäk. Ku piny adït acak ya Roorde Gurguur ku Roorde Cuɔl Akɔ̈l, piny tɔ̈c ëgöt, tiɔm cï Nhialic com në piaat!

### Pinyë Deŋ-Wilyom Acï Tek Në Jiep yiic Yaɣïï Maɣei!

Ëdinë aaciɛk Akut ë Kuëi ëya. Dit ajam në Areep kë Thudän mɛn cï röth cɔk ye bäny ke Thudän, ku ye ke mïth ke baai thanypiny. Akököl de Thudän ee jam ye Thudän aye paan de kɔc col, ku Arep aabɔ̈ ke cath, ku jɔl guɔ ɣap në Thudän. Deŋ jiɛɛmë dit ee Deŋ Nhial, mɛn ëye bëny töŋ de bäny thɛɛr ke Junub. Ku dit ajam ëya në kɔc ëke cam baai:

Piɛnyda, piɛnyda, piɛnyda! Pinyë Deŋ-Wilyom acï tɛk në jiep yiic ɣayïï maɣei! pinyë Deŋ-Wilyom acï tɛk në jiep yiic ku dal kɔc. Cak tɛk thok, ku jalkë dɔl, cak tɛk aduuk yiic ku dalkë. Abenë dhuɔ̈k tööny, ku buk bɛn tɔk, nɔŋ jäl ye töny tɔk. Na cak dhuk tööny ëka buk pɔ̈k wei.

**We Bë Ciët Kɔc Wään Cï Miŋ Nyääŋ Aɣeer, Ke Yee Dutïït**

Aaye kɔc ke Akut ë Kuëi kek aake cak ye dinë. Dit ayöök Areep ke Thudän mɛn cïnnë kɔc thärbaai thiɔ̈k bïk baai dɔm. Dit athööŋ Arap kennë akölköl de kɔc ëke cï miŋ waan biyic bë ke ya lëk kë bï lɔ̈k tuɔ̈l ciëën ke kën kë tïŋ! Miŋ aatït në *dooriya!* Aye lueel Yale:

Aŋootic wët aŋootic, wët akëc guɔ duɔ̈k; duɔ̈kkë go dhiaau wët aŋootic x2. Aŋootic na le yic duɔ̈k ëka ŋuɔt ke bak tïŋ ka cie kë benë piŋ ë yïc, aŋoot ke bak tïŋ ëtë thiɔ̈ɔ̈k. Kööl bïï thɔn anyaar lɔ nyuäny bei ëtë thiɔ̈ɔ̈k, aŋuɔt abak tïŋ acie kë benë piŋ ë yïc. Duɔlkë bɛɛk kuɔ̈n, ku bak lac jäl na dööt week, aŋuɔt ke bak tïŋ acie kë benë piŋ ë yïc. Yen aya lëk thända, thända, thända bäk bei ɣɛɛl. We kaa bï ciët kɔc wään, kɔc wään cï miŋ nyääŋ aɣeer, ku lek ɣɛɛl bïk lëi yaaŋ. Na lɔ̈k akɔ̈ɔ̈n bën ke lueel miŋ bäk bei ɣɛɛl, kë dïït lɔɣäcɣäc acï ɣëët bäk bei ɣɛɛl. Ke luelkë yïï ke kook ë miŋ, yïën kë riëŋde. Ke luel miŋ, la ka cie rïŋ, kë dïït lɔyäcyäc acï γëët bäk bei γɛɛl. Na lek cuɔk piŋ, go miŋ kat ku nyiëëŋ ke thïn, ku lök akɔ̈ɔ̈n bën ku kut ke nhïïm, kut ke nhïïm abit aguek. Wuɔ ka bë kuɔt nhïïm abit aguek.

**Yeeŋö Cïï We Ciët Dit Ke Rap, Raan Ye Thou Në Rap Nhïïm!**
Ëdinë aaciɛk Akut ë Kuëi:

Abuk jal tïŋ, wët ka buk tïŋ, abuk tïŋ, abuk jal tïŋ yen të bïï paande Junub jal gut; baai paanda. Ŋö cïï we ciët acaak ke weŋ, raan ye weŋ thuat, ŋö cïï we ciët luaŋ ke rïŋ, raan ye thou në rïŋ köu we Jiëëŋda. Ku wok cï nhïïm määr në wët de aköldë, aköldë; baai Junub ke ye kën aköldë. Ŋö cï we ciët dit ëke rap, raan ye thou në rap nhïïm. Ku wok cï nhïïm määr në wët de aköldë aköldë; pinyë Junub ke kën aköldë. Ku wët akïn, abaa wët kïn ka ca jal yök, wët kïn ka ca jal yök, abaa wët kïn ka ca jal yök. Ka be ya miëth yen näk wook. Ka be ya miëth yen thäär ke wo; wok aaye tuɔ̈ɔ̈m nhïïm, ku gem ŋek abë këëk ke mɛɛnhë wëtë miëth ëpath. Ku miëth ee luɔk piiny tiɔmdɛɛn de Junub ee miëth nyintök. Ku yäc aduŋ ë Nhialic, aduku röt nëk diet, duku yiɛnyda pël wei në miëth. Duku pinyda pël wei në miëth."

**Tiɔp Athöl Kɔc Ku Yen Abï Bënbei**
Ëdinë aaciɛk Pancol Deŋ Ajääŋ në thɛɛ wään cïnnë tɔŋic jal riɛl, akɔc aake ye piɔ̈ɔ̈th duör lɔpäk:

Gum-Ëlik 82

Wuɔ cï kɛɛc yööŋ lɔ juɔ̈r ëbën piɔ̈u pät, ku dɔ̈ŋ Jiëëŋ. Monyjäŋ aman luɛɛk, wun ë Deŋ aman luɛɛk. Deŋ Nhiaal bënydɛɛn cï thou yɔn ke nhiar paanden; tiɔmdɛɛn thöl bänykuɔ. Nëk Ajääŋ ke magɛɛkke, ku Jögaak ë Deŋ; thöl keek ëke tem röt! Ye ya kë cït ŋö kë yee ater guɔ jäl në röörkɔ̈k piɔ̈ɔ̈th! Jienyë Jɔɔn acï tekic në Riëk ku Lëm Akɔ̈l, ku dhiac ëke cop keek. Ye Jɔɔn Bëny yaa kë cï ŋeeny ke dhubɛɛtke! Amoc Arap, ku Toŋtoŋ, ku Nuëër cï mat ke Jiëëŋ man kë pieth, jienyë Jɔɔn anɔŋ ater rac ë baai. Ëwe yɔɔtwei nëŋö? Mony de baai eei akääc në cök ke yiic; athäärke gum cɔk, ku deŋ, ku nyök adhumic në baai. Tiɔp athöl kɔc ku yeen abë bënbei. Amɛɛnh de *marum* cï thou, yeen abë tɔ̈ në nhomlääu yic, diäär muɔ̈kë mïth; duɔ̈kkë kɔc ŋoot ye maan.

**Tɔŋ Cï Wël Nhom Baai Acïn Kë Ye Kuany Thïn**
Ëdinë aaciɛk raan ye cɔl Daniel Deŋ Anyai (Dinkanyai):

Aye lueel ku berë puɔ̈l, tɔŋ aye thɔ̈ɔ̈r ku berë puɔ̈l, ku jɔlku dɔ̈ɔ̈r looi paanda. Baai paanda acï riääk. Muɔnyjäŋda: Muɔnyjäŋ Agaar Rumbeek, Muɔnyjäŋ Cuɛibët, Tonydït, Muɔnyjäŋ Yirol, Awɛrial, Madiŋ-Boor, ku Murle. Pälkë tɔŋ, ku pälkë kë yennë kɔc tiit kueer. Mïth ëtik aaye këëk ku berkë ruääi. Jɔl ku käthɛɛr tɛɛm wei paanda. Ye tiɔm tɔ̈ tëyou, yee piny nin luel; piny nëk wek röth thïn ëmën, Agaar-Rumbeek. Wek acïn wudut kamduɔ̈n we pëc. *Wudunda* ke tök; wudunda yok ka Arab x2. Tɔŋ cï wël nhom baai acïn ke ye kuany thïn, tɔŋ cï wël nhom baai ee ŋɔ̈ɔ̈ŋ ye tök, ku thök-thök ërïc, bë kɔc kɔ̈k we jal daar, ku yïkë weŋ peec, ku yïkë we jal nɔ̈k, yeeŋö bak bɛn lëu, yeeŋö bak bɛn kony, yeeŋö bak bɛn lëu! Cɔk tɔŋ cɔk kääc; Muɔnyjäŋda eei wek kaa cï baai rac. Raan ber ye liääp abuk cɔ̈l Nhialic bë yïn ya thïëëc thok. Riɛm kɔc cï puk piny aabï rëër në yïyeth … ee buk tök ya lueel yen abï wok tiam … Muɔnyjäŋ acïï rɔt ye nɔ̈k, Muɔ̈nyjäŋ acïï rɔt ye til. Ee kë bö roor yennë yekë tiit yennë ke ciɛŋ de Muɔnyjäŋ thɛɛr …

## Wuɔ Cïï Kääc Të Kënnë Mïliöön Thou Në Mac

Ëdinë aaciɛk raan de Kɔryɔm cɔl Jurkuc-Aguɔɔr. "… Wuɔ cïï kääc të kënnë mïliöön thou në mac buk kɔc cool; kɔc cïï tɔŋ ke nɔ̈k …"

## Kɔc Cïï Tiɔp Ke Nɔ̈k

Ëdinë aaciɛk Pancol Deŋ Ajääŋ:
Kɔc cïï tiɔp ke nɔ̈k, na cɔk ciɛ̈n mɛɛnh duɔ̈n cï thou keka nɔŋ kɔc ruääi ke yï. Maketh wälen dë ka can nhom kɔn määr, tɔŋ cï mïth ke aguɛnjeep (Macɔk-Aguɛnjeep) thöl. Nyankiir ë Bul acïn kë bil yen tiɔp yen ka can ye biöön në wëu; kɔc kɔ̈k aacïn ke bil kek tiɔp, tɔŋ cï adhɛ̈ŋ nɔ̈k. Raan ëkon tɔŋ nɔ̈k yɔn golë tɔŋ Boor, ee Makëër Jööl, ku Makuëi Cuɛɛi awel ë wujum ë Bilpääm. Cukku naŋ baai, lecku jiec caap ë tariir. Cukku naŋ baai lecku SPLM pätï.

**Baai Aluel Në Kärac**
Ëdinë aaciɛk kɔc ke Kɔryɔm yɔn cïnnë tɔŋic jal riɛr. Ëdinë yennë kɔc ke piɔ̈ɔ̈th muk:
Kë dɛɛnë wuɔ Kɔryɔm, wuɔ cï dɔc tëëk në kärac yiic! Alueel jieny ë Dhëndië, ku Raat, ku Raino wuɔ cie jɔ̈ɔ̈ny. Bë wuɔ jɔ̈ɔ̈ny yadë ku wuɔ cie riɔ̈ɔ̈c adu; raan ë riɔ̈ɔ̈c adu abë dɔ̈ŋ baai, ku tiɔpic acïn kë ye rɛɛc. Wuɔ ye kuɔ̈c looi wuɔ thön ke Kɔryɔm. Thuɔradääp acï kë rir yök, SPLA ee kɔc moc në manyë dhaŋ. Jienyë Kuɔl bëny arëër ke Järätda ayɔɔt mɛɛc.

**Tariir Acuk Wël Wuɔ Piɔ̈ɔ̈th**
Ëdinë aaciɛk kɔc ke Kɔryɔm, riit kek kepiɔ̈ɔ̈th, yɔn cïnnë tɔŋ rac në kɔc cin!
Järätda luel baai, Kɔryɔm adɔm tuŋ thok; yen kuc raan bë ya jɔ̈ɔ̈ny tiɔmdɛɛn de athuɔɔt Junuubkuɔ, tariir acuku wël wuɔ piɔ̈ɔ̈th awuɔ ye pïïr wään në guërmonydït cï mat ke maŋga ku päipäi, ku cuɔp Amilo ku ruɔ̈m baai, ruɔ̈m baai wuɔk ka cop maajuur ke cäm de wëu. Junuubkuɔ tiɔm-col athöŋ ke wuɔ eei; baai acït wuɔ, cɔk wuɔ thöl ke Jɔɔn Gërëŋ abɔ̈ ke tharuuk ... yen kuc raan bë wuɔ lëu ... kaatda Jɔŋ ë Rëŋ arëër ke Järätda; acuk tiaam, guac raan abë kat në thuuŋ yiic në Maŋgërï!

**Raan Col Aya Tïŋ Cïï Yic Ye Lueel**
Ëdinë aaciɛk Deŋ-Pänän në thaa wään de tɔŋ:
Thudän ke piɛnyda ëtë thɛɛryɔn, agut ëmën awuïc piny ë-wun

eei; awuïc piny ë-wun. Aye wël cï lueel abïk thök; wël cï lueel abïk thök: acïï Ŋun Deŋ lueel, ku lueel Ariäth-Makuëi, ku Ciëër Deŋ-Thiäpduɔk, ke yïï Ajiŋdït jam baai. Agut ëmën piny arëër ke nɔŋ nom wun. Thudän ka cie pan mɛc raan nhiar rot-ë-rot, Thudän ka cie paan mɛc ran ye aγöökrot. Na cie Jɔɔn Gërëŋ De Mabiöör Atëm Aruëi raan cï ye piɔu riit. Adɔk ciɛɛm ku cuëc, ku ka dɔk cuëëc ku cam; të bäk gut wekë, të bäk gut nyiɛckä. Cäk we pööth yiën leɛŋ, cäk we pööth yiën loop, cäk we pööth yiën cuëër. Raan col ayatïŋ cït ke cïï yic ye lueel ku we bë gäi në aköl!

www.ingramcontent.com/pod-product-compliance
Lightning Source LLC
Chambersburg PA
CBHW011522070526
44585CB00022B/2505